Bernd Degen
Das große deutsche Diskusbuch

Bernd Degen

Das große deutsche Diskusbuch

Ein Standardwerk für den Diskusliebhaber

Druck: Vereinigte Oberpfälzische Druckereien und Verlagsanstalt GmbH, D-8450 Amberg
ISBN 3-9801265-0-1

Fotohinweise:

G. Blecha, Diskuscenter Witten-Stockum
Seiten 10 / 15 / 71 unten

Diskuscenter Stefanski, Waltrop
Seiten 11 / 18 / 21 / 44-45 / 52-53 / 67 / 79 unten

Arbogast / Bergs Seite 16 links
K. Erfurt Seiten 73 / 99 unten
Michael Degen Seite 55

K. H. Schmidt Seite 16 rechts
H. Hoffmann Seite 17
Dennerle, Vinningen Seite 33
U. Heinrichs Seite 39
J. Nemec Seite 63
K. H. Ring Seite 79 oben
alle weiteren Fotos und Titelbild von Bernd Degen

Inhaltsverzeichnis

Vorwort

Als ich 1984 ,,Das neue Diskusbuch" geschrieben hatte, konnte ich nicht erwarten, daß es so viele Diskusliebhaber in Deutschland geben würde. Schnell war dieses Buch vergriffen und der Gedanke, ein neues, schöneres Diskusbuch zu schreiben, wurde geboren. Unterstützt wurden diese Gedanken von unzähligen Diskusfreunden, die in begeisterten Briefen und Telefonaten nach diesem zweiten Buch fragten. So ist dieses schöne Diskusbuch entstanden, das jetzt vor Ihnen liegt. Es wird Ihnen helfen, die Schönheit dieses echten ,,Aquarienkönigs" neu schätzen zu lernen. Dieses Buch wird Ihnen aber auch Sicherheit in der Pflege und Zucht dieser Fische geben. Und nicht zuletzt wird dieses umfassende Werk dazu beitragen, daß immer mehr Aquarianer zum Diskusfisch finden. Einmal vom Diskusfieber gepackt, gibt es kein Loskommen mehr.

Ich würde mich freuen, wenn Sie dieses liebevoll gestaltete Buch mit Freude aufnehmen würden und mithelfen, den Bestand unserer Diskusfische in unseren Aquarien zu sichern. Möge dieses Buch Ihnen aber auch den Diskus als liebenswertes Haustier noch näherbringen.

Ein Dankeschön

möchte ich allen meinen Diskusfreunden und Bekannten sagen, die mir in irgendeiner Form geholfen haben, dieses Buch zu schreiben. Sei es, weil sie mir einen Brief geschrieben haben oder mit mir telefonierten. Sei es, daß sie mit mir über Diskusfische diskutierten oder es mir ermöglichten, in ihrer Diskusanlage zu fotografieren.

Mein besonderer Dank gehört meinen Diskusfreunden Dieter Putz aus Pilsting und Xaver Jungböck aus Viechtach, mit denen ich manche Stunde vor Diskusaquarien verbracht habe. Ein weiterer Dank an Uwe Heinrichs aus Essen für seine schönen Dias und seinen Text ,,Erste Erfahrungen eines Anfängers".

Ein großer Dank aber auch allen Fotografen, die mir ihre schönsten Diskusfotos zur Verfügung gestellt haben, damit dieses Buch die schönsten Diskusfische Deutschlands zeigen kann.

Ein ganz besonderer Dank gehört den vielen Lesern meines ersten Diskusbuches ,,Das neue Diskusbuch". Hätten Sie dieses Buch nicht in wenigen Monaten so ,,verschlungen", wäre dieses zweite Buch sicher nicht so schnell gefolgt.

Bernd Degen

Erste Erfahrungen eines Anfängers

Da war am Anfang ein unheimlicher Respekt vor dem echten König der Aquarienfische, dem Diskus. Diese prächtigen Barsche waren schon immer mein Wunschtraum als Aquarianer. Jetzt mußte dieser Traum endlich Wirklichkeit werden! Drei Heckel-Diskus machten den Anfang. In einem gut bepflanzten Gesellschaftsbecken mit Neonfischen, Skalaren, Welsen und einigen anderen Fischen fristeten sie jedoch ein trübes Dasein. Die Freude an den Diskusfischen war nur kurz, und sicher geht es vielen Anfängern wie mir. Doch merkte ich auch, daß mich jetzt Ehrgeiz und Neugier von diesem Fisch nicht mehr loskommen lassen würden. Zuerst las ich alles über Diskusfische, was ich erreichen konnte. Das Gesellschaftsbecken wurde in ein reines Diskusbecken mit Pflanzen umgebaut. Die Skalare und Neons mußten weichen. Ich nahm mir Zeit für die Einrichtung und Wasseraufbereitung dieses Aquariums, das schon bald meine neuen Schätze, fünf halbwüchsige Royal blue, beherbergen sollte. Durch gezieltes, häufiges Füttern und regelmäßigen Teilwasserwechsel gelang es gut, den Diskus problemlos zu halten.

Jetzt begann das Diskusfieber. Die Becken wurden immer zahlreicher und größer. Die Diskusfische immer farbenprächtiger und leider auch teurer. Kein Weg schien zu weit, um diese schönen Tiere zu bekommen. Schon bald stand ein 500-Liter-Becken mit acht ausgewachsenen Türkisdiskus als Krönung meines Hobbys im Wohnzimmer. Alles war erreicht! Wirklich alles? Nein, denn die Zucht dieser Fische mußte das nächste Ziel sein. Doch bis dahin mußte noch eine lange Zeit vergehen, und viel Lehrgeld war zu bezahlen. Auf der Suche nach geeigneten Zuchtpaaren konnte ich schnell feststellen, daß dies ein dorniger Weg war. Doch auch hier wird Hartnäckigkeit belohnt. Mein Lohn war ein echtes Türkispaar. Nach 14 Tagen bereits balzten die Tiere und laichten ab. Fast stündlich saß ich vor dem Becken, um zu sehen wieviele Eier verpilzten, denn das ist ja immer eine bange Zeit für Diskuszüchter. Ich hatte Glück und von dem ersten Gelege schlüpften viele Junge. Doch meine riesige Freude sollte nicht lange andauern, denn noch am gleichen Abend des Freischwimmens waren alle Jungen verschwunden. Des Rätsels Lösung war der Filter. Hier zog es die Jungen hinein. Das nächste Gelege ließ nicht lange auf sich warten, und diesmal klappte alles perfekt. Nach fünf Wochen konnten über 100 junge Diskus aus dem Becken gefischt und in ein Aufzuchtbecken umgesetzt werden. Dieser Brut folgten noch viele nach. Heute ist der Diskus kein geheimnisvoller Fisch für mich, doch nach wie vor ist er der faszinierendste Aquarienbewohner, der dem aufmerksamen Pfleger viel Freude bereitet.

Der Diskusfisch von 1840 bis heute

Herrlicher Türkisdiskus aus einer gefestigten Linienzucht. Dieses Tier vererbt alle seine guten Erbanlagen weiter.

1840 ist das magische Datum der Entdekkung der Diskusfische. Der Wiener Ichthyologe Dr. Johann Jacob Heckel berschrieb ein Exemplar aus der Sammlung von Natterer als Symphysodon discus. Dr. Heckel zu Ehren wird ja dieser Fisch heute in der Sprache des Aquarianer noch immer als Heckel-Diskus bezeichnet. Es dauerte dann bis in das Jahr 1930, daß erste Diskusfische nach Deutschland und in die USA eingeführt wurden. Doch nur wenige auserwählte Aquarianer hatten Gelegenheit, sich diese Fische zu beschaffen. Über Zuchterfolge wurde nichts bekannt. So war später in Berichten zu lesen, daß sich der Diskus wie der Skalar in seiner Fortpflanzung verhalte. Dies war wohl auch der Grund, weshalb es noch lange dauern sollte, bis Diskusfische zu erfolgreicher Nachzucht gebracht wurden.

In den Anfängen der Diskuspflege ging man sogar soweit, daß man den Elterntieren die Eier wegnahm, um diese vor den Eltern zu schützen. Es wurde versucht, den Diskus künstlich aufzuziehen, wie dies ja schon bei den Skalaren praktiziert worden war.

Erst in den sechziger Jahren gelangten erste Informationen über Diskusfische in die Aquarienzeitschriften. Zur selben Zeit wurde auch die Luftverkehrsanbindung der Fischsammelstationen im südamerikanischen Busch verbessert. So gelang es, Fische aus Iquitos in Peru, Letitia in Kolumbien und Manaus sowie Belem in Brasilien weltweit zu verschicken. Die Auswahl an Diskusfischen vergrößerte sich rasch und der Wildfangboom der siebziger Jahre konnte beginnen. In dieser Zeit wurde der Grundstock gelegt für die Qualitätsfische, die wir heute auf dem bundesdeutschen Markt haben. Gemeint sind hier die Fische, die unermüdliche Züchter in langen Jahren zu einem Qualitätsstandard gebracht haben, der sicher weltweit zu den besten Standards gezählt werden muß. Von Fischgeneration zu Fischgeneration wurden die Farben stärker herausgezüchtet, trotzdem konnte die typische Diskusform weitgehend erhalten werden, so daß heute vor allem Türkisdiskusfische der Spitzenklasse in den deutschen Liebhaberbecken schwimmen.

Lebensraum Amazonien

Der Lebensraum unserer Diskusfische schließt Teile von Brasilien, Peru, Kolumbien und Venezuela ein. Ein gigantisches Regenwaldgebiet mit zahlreichen großen Flüssen, die unsere Vorstellungskraft weit übersteigen. Viele dieser Amazonasflüsse entspringen in den Anden.

Je nach Gewässertyp werden drei Arten von Flüssen unterschieden: die Weißwasser-, Schwarzwasser- und Klarwasserflüsse. Am bekanntesten und größten sind als Weißwasserflüsse der Amazonas mit Solimoes, der Rio Madeira und der Rio Branco. Als Klarwasserflüsse von Bedeutung sind der Rio Tapajós und Rio Xingú zu nennen. Schwarzwasser führen der Rio Negro und der Rio Cururú.

Weißwasserflüsse mit einem trüben, lehmgelben Wasser haben nur eine geringe Sichttiefe von wenigen Zentimetern. Diese Weißwasserflüsse bringen reichlich Sedimente nach Amazonien. Die Schwemmstoffe werden von den Anden bis zum Atlantik transportiert. Dieses Weißwasser hat einen pH-Wert, der knapp unter sieben liegt. Die Leitfähigkeit ist mit 30 bis 60 μS von allen Wassertypen noch am höchsten.

Durch die großen Ablagerungsmengen, die diese Flüsse mit sich führen, sind die Uferzonen ständigen Änderungen unterlegen.

Schwarzwasserflüsse von olivbrauner bis dunkelbrauner Farbe sind von der Durchsicht her etwas transparenter. So sind Sichttiefen bis zu 1,50 m möglich. Ihre Leitfähigkeit ist mit 10 bis 20 μS sehr gering, und auch der pH-Wert ist mit Werten zwischen 4 und 5 extrem niedrig.

Klarwasserflüsse haben mit ihrer grünlichen Farbe die höchste Transparenz. So sind hier Sichttiefen bis zu 4 m gemessen worden. Sie haben ebenfalls, wie die Schwarzwasserflüsse einen ungünstig niedrigen Elektrolyt-

Fangstation am Amazonas. Von hier aus starten die Eingeborenen, um Diskusfische zu fangen.

Im dichten Pflanzengewirr versteckt stehen Türkis- und Royal-Blue-Diskus. Dies bedeutet für die Fänger viel Arbeit beim Fangen mit Stellnetzen.

Hier hat sich ein Diskuspaar zusammengefunden, das zwar farblich nicht zueinander paßt, da das Männchen flächig blau und das Weibchen rottürkis gefärbt ist. Doch diese Fische haben so harmonisch zueinander gepaßt und gut aufgezogen, daß dies den Ausschlag gab, diese beiden Tiere zusammen zu lassen.

Kobaltblaue Flächendiskus, wie dieses bullige Männchen, rangieren in der Beliebtheit ganz oben. Zuchtziel ist die absolut flächige Körperfärbung. Nur im Kopfbereich dürfen Linienzeichnungen auftreten.

gehalt, was sich in einem Leitwert unter 15 µS ausdrückt. Der pH-Wert liegt meist zwischen 5 und 6.

Jährlich werden während der Regenzeit riesige Gebiete Amazoniens überschwemmt. Diese Überschwemmungen ermöglichen den Fischen gute Laichbedingungen in kleinen Gewässern, die neu entstanden sind. Hohe Wassertemperaturen durch starken Sonneneinfall auf diesen Kleingewässern regt die Diskusfische zum Laichen an. Gleichzeitig bilden sich viele Infusorien, die zusammen mit allen möglichen Kleinlebewesen den Jungfischen reichlich Nahrung bieten. In diesen Gewässern, die durch fehlenden Wald nicht bedeckt werden, steigen die Temperaturen bis 32° C an, so daß die Diskusfische ideale Laichtemperaturen vorfinden. Dieses Wissen läßt sich auch leicht für unsere Diskusaquarien umsetzen.

In dem im gleichen Verlag erschienenen Buch „Erfolg mit Diskusfischen" wird sehr genau auf diese Wasserzusammensetzungen und ihre Folgen für eine erfolgreiche Zucht eingegangen.

Die schweren Regenfälle im Amazonasgebiet beginnen im Dezember. Im Januar und Februar erreichen dann die Flüsse ihre höchsten Wasserstände. Es kommt zu Überschwemmungen, die bis in den Juni hinein anhalten. Die tiefsten Wasserstände sind in den Monaten Oktober und November anzutreffen. Während der Regenzeit werden in den schmäleren Nebenarmen des Amazonas Diskusfische gefangen. Hauptausfuhrmonate für Diskuswildfänge sind die Monate Oktober bis März. In den Monaten Mai bis August findet kein Export statt. Diskusfang ist eine schwere Arbeit. Die herkömmliche Methode mit dem Stellnetz erfordert viel Vor- und Nachbereitung. Die Netze werden ausgelegt, dann werden die eingesäumten Regionen von Treibholz, Wurzeln und Ästen befreit. Ist diese schwere und langwierige Arbeit getan, können die Netze zusammengezogen werden, um den Lohn der Arbeit in Empfang zu nehmen. Gerne werden Diskusfische auch nachts gefangen. Hierzu werden die Tiere mit Taschenlampen gesucht, geblendet und eingesammelt. Negativ ausgewirkt haben sich auf den Diskusfang die enorme Verteuerung der Treibstoffkosten, sowohl für Flugzeuge, als auch für Boote. Hinzu kommt für den europäischen Markt, daß sehr viele Diskusfische aus dem Amazonasgebiet in die USA verschickt werden. In den letzten Jahren hat sich die Lage auf dem Markt für Diskuswildfänge bei uns deutlich verschlechtert.

In diesen Stellnetzen werden frisch gefangene Fische während der Fangexpedition gehältert.

Artenbeschreibung, Typenbetrachtung, Populärnamen

Brauner Diskusfisch – Symphysodon aequifasciatus axelrodi

Heckel-Diskus – Symphysodon discus Heckel

Obwohl mit vier Diskusarten eigentlich nur eine geringe Anzahl zu klassifizieren ist, ist es nicht einfach, die Unterschiede darzulegen. In der Literatur werden hierzu seitenlange wissenschaftliche Abhandlungen veröffentlicht, die letztendlich aber auch wieder verwirren.

Der Diskusliebhaber wird vier Arten von Wildfangdiskusfischen unterscheiden. Erstens den seit 1840 beschriebenen Heckel-Diskus, wissenschaftlich Symphysodon discus genannt. Dieser Fisch ist sofort durch den dickeren fünften Körperstreifen zu erkennen. Auch der erste und der letzte senkrechte Streifen sind stärker ausgeprägt. Durch diese starken Streifen konnte sich der Fisch in deutschen Liebhaberaquarien nicht durchsetzen. Heute sind im Prinzip keine Heckel-Nachzuchten auf dem deutschen Markt zu finden. Nachzuchten mit diesen Senkrechtstreifen sind einfach nicht absetzbar. Heckel-Diskus haben sehr schöne Grundfarben, die von rötlich bis türkisblau variieren können. Bullige Wildfangtiere mit starkem Blaueinschlag sind eine Augenweide. Besonders im asiatischen Raum wurden deshalb gerne Heckel-Diskus eingekreuzt, um blaue oder türkisfarbene Linien bei den Nachzuchten zu erhalten. Der senkrechte Mittelstreifen konnte aber nicht völlig weggezüchtet werden. Im Handel sind Heckel-Diskus als Pompadur-Diskus, Blaue Heckel und Rote Heckel.

Hinter dem Namen Brauner Diskus verbirgt sich Symphysodon axelrodi. Dieser Wildfangtyp war der weitverbreitetste Diskus in unseren Liebhaberbecken in den sechziger

Braune Diskus und Heckel-Diskus in einem Artbecken mit Neonfischen und Amazonas-Schwertpflanzen.

und siebziger Jahren. Er ist praktisch der Urvater unserer heutigen Diskusfische. Seine Körpergrundfarbe ist hell- bis dunkelbraun. Am Kopf, auf der Rückenpartie und in den Bauchflossen hat er wenige blaue Streifen. Die Afterflossen weisen meist ein schönes Rot auf. Die senkrechten Streifen erscheinen über dem Auge und in der Schwanzflosse stärker ausgeprägt.

Braune Diskusfische mit starkem Rotanteil in der Grundfarbe werden gerne als Rote Diskus bezeichnet, jedoch sind diese roten Fische nur vereinzelt aufgetreten. Ausgesprochen rote Diskusfische, deren Grundfarbe rot anstatt braun ist, sind als gefestigter Nachzuchtstamm nicht vorhanden. Jungfische, besonders aus Asien, die als Rote Diskus angeboten werden, sind mit Farbfutter gefärbt. Diese Farbe verliert sich nach Absetzen dieses Futters.

Wie bei allen Wildfangdiskus kann die Augenfarbe von rot über orange bis zu gelb gehen. In der Regel legen Diskuszüchter Wert auf Fische mit roten Augen.

Der dritte Vertreter der Diskusfische ist der Grüne Diskus, Symphysodon aequifasciatus aequifasciatus. Im Handel auch manchmal als Pellegrin-Diskus. 1903 klassifizierte Pellegrin diesen Fisch. Der „einfache" Grüne Diskus weist eine grün-bräunliche Grundfärbung auf. Im Bereich des Rückens und des Bauches sind die Fische grün gestreift. Ganz mit grünen oder türkisfarbenen Streifen versehene Fische werden als Pellegrin-Diskus oder heute auch „royal green" Diskus bezeichnet.

Eine weitere grüne Variante ist der Tefé-Diskus. Die markanten Merkmale des Tefé-Diskus sind seine erste und letzte senkrechte Binde, die stark ausgeprägt sind, sowie zahl-

Makellose Royal-Blue-Wildfänge dieser Qualität werden heute nur noch selten nach Deutschland eingeführt. Die völlig durchgehende blaue Streifung dieser Fische führte zu dieser Bezeichnung. Einfache blaue Wildfänge – Symphysodon aequifasciatus haraldi sind nur an der Körperober- und -unterseite gestreift.

reiche rote Punkte, die über den ganzen Körper, besonders aber auf der Bauchpartie verteilt sind. Diese Tiere sind sehr begehrt, jedoch nur noch sehr schwer zu bekommen.

Aus den kräftigen, gut gezeichneten Wildfängen wurden türkisfarbene Nachzuchten herausgezogen, die heute Standard sind. Gerade in unserem Land beherrschen die türkisfarbenen Diskusnachzuchten den Markt.

Die vierte Diskusart ist der Blaue Diskus, Symphysodon aequifasciatus haraldi. Er erinnert in seiner Grundfärbung stark an den Braunen Diskus. Besonders im Kopfbereich ist dieser Fisch purpurfarben. Kopf-, Rücken- und Bauchpartie werden von blauen Längsstreifen überzogen. Sein ganzes Erscheinungsbild ist farbiger und ausgeprägter. Als gänzlich blau durchgefärbte Fische gefangen wurden, war der Name „Royal Blue" für diese Fische schnell gefunden. Diese Fische stellten jahrelang die Spitze auf dem Diskussektor dar. „Royal Blue" waren und sind der Inbegriff des Superdiskus. Heute kommen nur noch vereinzelt schöne Exemplare nach Deutschland. Das kräftige Türkisblau dieser Wildfänge wurde in den Nachzuchtstämmen gefestigt. Heute sind Nachzuchttiere unter dem Namen Kobaltblau erhältlich. Die Spitze stellt hier der kobaltblaue Flächentürkis dar; Fische, die ganzflächig mit glänzendem Blau überzogen sind. Dieses metallische Glänzen fasziniert jeden Betrachter.

Die vier Wildformen der Diskusfische sind die Urväter unserer Nachzuchten. Unsere Aufgabe muß es jetzt sein, die typische Diskusform und das bullige Aussehen dieser Fische zu erhalten. Runde Formen, gepaart mit schöner Farbe, machen es unwesentlich, ob dieser Fisch jetzt von einem Blauen oder Grünen Diskus abstammt. Wichtig ist, daß der Typ nicht verloren geht. Im Wachstum zurückgebliebene Diskusfische mit großen Augen, aber glänzenden Farben, dürfen nicht unser Ziel sein.

Modefarben und Fantasiebezeichnungen, von einigen Züchtern immer wieder ins Gespräch gebracht, werden sicher keinen Bestand haben. Wenn türkisfarbene Diskusfische einen Hauch von Rot in ihrer Grundfarbe aufweisen, sollte nicht gleich der Fehler gemacht und hier Rottürkis-Diskus angeboten werden. Diskusfarben sind stark abhängig von Lichteinfall, Wasserbeschaffenheit, Fütterung, Allgemeinbefinden der Tiere und andere Faktoren. Fotos gleicher Tiere, kurz hintereinander aufgenommen, beweisen dies schnell. Kleinste Lichtveränderungen führen zu unterschiedlichen Ergebnissen.

Namen wie Albinodiskus, Electricblauer Diskus, Kobaltdiskus, Geisterdiskus, Perugrüner Diskus, Gipsydiskus, Perlroter Diskus oder Gesprenkelter Blauer Diskus sind aufgetaucht, aber auch wieder verschwunden.

Diskusfische auf dem Weg nach Europa

Sehen wir einmal von den großen Mengen deutscher Diskusnachzuchten ab, so kommen heute noch viele Diskuswildfänge und Nachzuchten zu uns nach Europa und Deutschland.

Die Blütezeit der Wildfangimporte ist sicher vorbei. Vergeblich warten viele Händler auf größere Mengen schöner Wildfänge, ließen sich doch die herrlichen Royal Blue bestens verkaufen. Seit etwa vier bis fünf Jahren hat die Qualität der eingeführten Wildfänge aus Brasilien deutlich nachgelassen. Einfache braune und grüne Wildfänge sind leichter zu haben, gute Tefé- oder Royal Blue-Diskus dagegen sind so gut wie nicht mehr zu bekommen. Auch haben die Preise natürlich angezogen, was letztlich der Folge des schwankenden Dollarkurses, der erhöhten Treibstoffpreise und der Tatsache, daß die Fänger immer weiter fahren müssen, zuzuschreiben ist.

In den brasilianischen Städten Letitia, Belem und Manaus sind die bedeutenden Exportstationen. Hier werden die gefangenen Diskusfische gesammelt und gehältert für den Export. Da diese Diskusfische für den Exporteur bares Geld darstellen, wird schon viel Wert darauf gelegt, die Fische gut zu pflegen. In großen Plastikbehältern oder gekachelten Becken werden die Fische auf den Transport vorbereitet. Wichtig ist, daß der Darm leer ist, denn Kotabgabe in das Transportwasser könnte zu dramatischen Wasserverschlechterungen führen. Die Tiere werden deshalb einige Tage vor dem Transport nicht mehr gefüttert. Die Fische werden in doppelte Plastikbeutel verpackt, wobei größere und auch mittlere Tiere einzeln verpackt werden. In den Transportbeutel kommt gerade soviel Wasser, daß der Fisch, aufrecht stehend, bedeckt ist. Durch Zugabe von Sauerstoff wird ein Transport von 48 Stunden möglich. Um Temperaturschwankungen zu vermeiden, werden die Beutel in dicke Styroporkartons gestellt und gut verschlossen. In diesen Thermoboxen gehen die Fische dann auf eine lange Reise.

Wenn Sie sich vorstellen, daß die Fische einige Stunden vor dem Abflug verpackt und dann zum Flughafen transportiert werden, um die Zollformalitäten zu erledigen, der Flug meist 15 bis 20 Stunden dauert, der Zoll in Deutschland auch noch einmal mit zwei bis drei Stunden zu veranschlagen ist, und der Transport bis zum Händlerbecken auch nicht zu vergessen ist, dann sind doch Transportzeiten von 36 bis 48 Stunden die Regel. Zu dem Streß dieser langen Reise kommt dann noch der lange Weg bis ins Liebhaberbecken.

Importiert der Großhändler oder der Großimporteur, werden die Fische erst einmal in der Anlage des Importeurs untergebracht. Von dort geht der Weg, wenn möglich bald, weiter in das Becken des nächsten Groß- und Einzelhändlers. Beginnen die Fische dann, sich langsam einzugewöhnen und wieder gut zu fressen, kommt als letztes Glied dieser Kette der Liebhaber und überführt das Tier in sein Heimaquarium. Dies ist vorläufig die Endstation.

Hat der Fisch bis hierher alles gut überstanden, und wir verfolgen diesen Weg nochmals kurz zurück, dann sehen wir, daß im Regelfall der Wildfang schon etwa vier bis sechs Wochen Gefangenschaft hinter sich hat. In dieser Zeit erlebte er mindestens drei totale Wasserwechsel und eine lange Phase ungenügender Futterversorgung. Jetzt ist es die Aufgabe des Aquarianers, den Fisch wieder aufzupäppeln und zu voller Schönheit zu bringen. Daß der Pfleger dieser Wild-

Tefé-Wildfangdiskus

fänge etwas Fingerspitzengefühl und Liebe zum Hobby braucht, ist wohl selbstverständlich. Deshalb sollte auch nur der etwas erfahrene Aquarianer sich mit Wildfängen befassen. Für den Neuling ist anzuraten, mit gesunden Nachzuchttieren sein Glück zu versuchen, wobei es ja nicht gleich Hochzuchttürkisfische sein müssen.

Aus dem asiatischen Raum, besonders Hongkong, Bangkok in Thailand und Singapur, werden heute viele Tausend Diskusjungfische nach Europa exportiert. Auch Jamaika und Trinidad exportieren Diskusfische. Diese werden jedoch fast ausschließlich in die USA verschickt.

In Hongkong, Bangkok und Singapur finden die Diskuszüchter ideale Wasserwerte vor. Das Wasser ist sehr weich. Der pH-Wert, der z. B. in Hongkong meist über 7 liegt, wird zur Zucht herabgesetzt. Durch riesige tägliche Wasserwechsel von 50 und mehr Prozent finden die Fische ideale Zucht- und Wachstumsbedingungen. Filter fehlen wegen der täglichen Wasserwechsel völlig. Die Zuchtpaare sitzen in kleinen Becken von oft nur 80 Liter Inhalt. Außer einem Laichtopf oder einer Steinplatte ist nichts in dem Zuchtbecken.

Lebendfutter ist reichlich vorhanden, jedoch differiert die Art des Futters von Land zu Land. Kleinste Wasserflöhe, die als „dust daphnia" bekannt sind, werden den kleinsten Diskusfischen geboten. Neben Tubifex und Mückenlarven spielen auch Süßwassergarnelenarten eine bedeutende Futterrolle. Ein wichtiges Futter sind die Eier des etwa 20 cm lang werdenden einheimischen Krebses Macrobrachium rosenbergi. Diese rotgefärbten Eier enthalten viel Karotin-Farbstoff, was bei Verfütterung an Jungfische schnell zu einer gewissen Rotfärbung der Fische führt. Natürlich verliert sich diese rote Farbe nach Absetzen des Futters wieder. Deshalb sollten diese Fische auch nicht als „Rote Diskus" angeboten werden. Die meisten Jungfische aus Asien stammen von braunen und blauen Diskusfischen ab. Auch Heckel werden immer wieder eingekreuzt. Leider fehlen noch gute Hochzuchttiere, deshalb haben unsere deutschen Qualitätsnachzuchten immer noch einen hohen Stellenwert im Ausland.

Brillanttürkis-Diskusfische im stimmungsvollen Dämmerlicht eines dicht bepflanzten Schaubeckens. Die intensive Färbung ist ein Kennzeichen dafür, daß sich Diskusfische in Pflanzenbecken sehr wohl fühlen.

Der Diskus heute in Deutschland

Bei uns in Deutschland gibt es zwei Arten von Diskusliebhabern. Die erste Gruppe ist die Reihe von unzähligen Aquarianern, die meist junge Diskusfische im örtlichen Zoohandel kaufen, weil ihnen der Fisch gefällt. Vielleicht glauben sie auch, daß es einfach interessant ist, junge Diskusfische zu kaufen, weil die ja etwas Besonderes sind und später einmal schöne Fische sein werden. Diese Aquarianer haben sicher etliche Verluste unter ihren Diskusfischen in Kauf zu nehmen, wenn sie diese in Gesellschaftsbecken pflegen. Aber sie werden es nochmals probieren und vielleicht auch ein drittes Mal. Irgendwann werden sie es mit der Hälterung von Diskusfischen aufgeben. Einige werden aus ihren Fehlern lernen, sich mit dem Diskus intensiver beschäftigen und spezielle Diskusbecken aufstellen. Dann kommt sicher auch eines Tages die Befriedigung auf, und diese Aquarianer zählen dann zu der zweiten Gruppe, zu der ich auch die Leser dieses Buches zähle: zu einer nicht gerade kleinen Gruppe von Diskusliebhabern, die sich diesem Fisch verschrieben hat. Infiziert vom Diskusbazillus, kann man sie schon zu den Aquarianern zählen, die in der Lage sind, Diskusfische erfolgreich zu hältern und auch ab und zu zur Nachzucht zu bringen. Eine Randgruppe werden die Diskuszüchter bleiben, die die Zucht aus verschiedenen Gründen schon fast professionell betreiben. Doch hier gibt es Unterschiede. Einige dieser Züchter betreiben ihr Hobby, weil es eine Herausforderung ist. Der Verkauf der erfolgreich nachgezüchteten Fische reicht gerade aus, die Unkosten zu decken. Vielleicht ist auch ab und zu etwas daran verdient, aber berechnet man die Arbeitsleistung, hinkt diese Rechnung schon wieder nach. Profizüchter haben sich schon auf die Massenzucht verlegt, wobei die meisten versuchen, einen Qualitätsstandard zu halten. Diese Züchter verkaufen ihre Nachzuchten meist an Großhändler, zum Teil auch an Privatleute. Im Vordergrund muß jedoch der Verkauf ganzer Bruten, im Alter von sechs Wochen, stehen. Hier muß es dann schon die Masse bringen. Deutsche Diskusnachzuchten werden heute in größeren Mengen nach Holland, England und in die USA verkauft.

Leider werden noch viel zu wenige Qualitätsnachzuchten an den deutschen Groß- und Einzelhandel abgegeben. Hier besteht noch ein Mangel, denn gerade Qualitätsnachzuchten, die gesund und stabil sind, wären gefragt. Da ist sicher noch ein Markt offen für Diskuszüchter. Kleine Nachzuchttiere in der Größe von drei bis sechs Zentimetern sind leicht zu haben. Mittelgroße Tiere mit sechs bis acht Monaten sind schon schwieriger zu bekommen, obwohl diese Tiere eigentlich alle Vorzüge hätten. Hier würde der Käufer bereits die Farbanlage, den Körperbau und den Gesamteindruck des Fisches beurteilen können. Und natürlich wäre der Preis noch interessant. Bei guter Pflege hätte der Käufer nach wenigen Monaten schon brauchbare Zuchttiere.

Ausgewachsene, zuchtreife Diskusfische in guter oder gar sehr guter Farbqualität sind sehr schwierig zu bekommen. Auch wenn Inserate diese Tiere versprechen, ist die Realität doch etwas anderes.

Diskusfische großzuziehen ist nicht so einfach. Durch ihre Größe beschränken die Diskusfische ab einem Alter von etwa sechs Monaten schon selbst die Aufzuchtmöglichkeiten. Diskusfische raufen gerne, und in Aquarien mit einem Dutzend dieser Halbstarken spielen sich schon schöne Macht- und Revierkämpfe ab. Sollen die Fische dann

Brillanttürkis Flächenmann

noch weiter großgezogen werden, müssen schon 30 bis 50 Liter Wasser pro Fisch veranschlagt werden. Dies erklärt schnell, weshalb nur wenige ausgewachsene Fische auf dem Markt erscheinen, zumal der Liebhaber, der sich die Arbeit gemacht hat, gute Fische großzuziehen, diese nur ungern wieder verkaufen will. Sind jetzt endlich ein Dutzend großer Diskusfische in der eigenen Anlage, liegt der Wunsch nach Zusammenstellung von Paaren und einer erfolgreichen Diskusnachzucht nahe.

In Kreisen der deutschen Diskusliebhaber sind nur noch Qualitätsfische mit guter Färbung zu verkaufen. Der Farbtrend der letzten Jahre ging eindeutig zum Türkisdiskus, wobei Streifentürkisdiskus den Hauptanteil haben. Flächentürkisdiskus sind mengenmäßig nicht so stark vertreten und sind noch die Ausnahme. Angeboten werden auch Rottürkisdiskus, jedoch muß hier differenziert werden. Gewisse Wasserzusammensetzungen, wie z. B. Eisengehalt, spielen bei der Färbung der Fische eine Rolle. So ist erwiesen, daß Fische, die durchaus kräftige Rotanteile in der Grundfärbung hatten, diese in dem Bekken des neuen Besitzers nicht mehr so stark hervorbrachten, was in der Wasserzusammensetzung begründet war.

Andere Farbschläge spielen eine untergeordnete Rolle. So sind einfache braune oder grüne Diskusfische nicht mehr abzusetzen, beziehungsweise die Aquarianer so anspruchsvoll geworden, daß sie nur noch nach Türkisdiskusfischen verlangen. Auch Anfänger wollen nichts von braunen Nachzuchten wissen, obwohl es wirklich ratsam wäre mit einfacher zu pflegenden Diskus-Varianten zu beginnen. Ein ausgewachsener Brauner Diskus kann der Mittelpunkt eines Aquariums sein. Zwischen grünen Pflanzen und kräftigen Moorkienwurzeln ist auch dieser Fisch ein König.

Die Zahl der deutschen Diskusliebhaber nimmt immer mehr zu. Deshalb muß für ernste Diskuszüchter der Qualitätsstandard unserer Nachzuchten oberstes Ziel bleiben. Nachzuchttiere müssen die kräftige, bullige und runde Form des Diskusfisches aufweisen. Wenn es zusätzlich noch gelingt, die Farbschläge weiter in der vorhandenen Qualität zu erhalten, kann, wie bei anderen Tieren, wie z. B. dem Kanarianvogel, dem Wellensittich oder der Zuchtforelle, auf die Wildformen weitgehend verzichtet werden. Dies ist letztendlich Artenschutz und Biotopschonung durch Nachzucht.

Deutsche Nachzuchten ein Qualitätsbegriff

Der bekannte amerikanische Diskuszüchter Jack Wattley reist öfters nach Deutschland, um hier Diskusfreunde zu besuchen. Bei diesen Besuchen hat er schon manches deutsche Nachzuchttier mit in die USA genommen. Deutsche Diskusnachzuchten sind weltweit sehr beliebt. So gehen heute viele kleine Diskusfische nach Belgien, Holland, Großbritannien, USA, Kanada und sogar Japan.

In den achtziger Jahren begannen in Deutschland etliche Diskuszüchter in größeren Mengen Diskusfische nachzuziehen. Da hier ein großes Potential sehr gut gefärbter Fische vorhanden war, gelang es, größere Mengen von Qualitätsnachzuchten auf den Liebhabermarkt zu bringen. Schnell wurden die Farbschläge „Royal Blue" und „Türkis" zum Renner. Diese Farbschläge, besonders „Türkis", werden heute in großen Mengen nachgezüchtet, so daß es manchmal schwieriger erscheint, gute braune Diskusnachzuchten zu bekommen, als türkise Jungfische.

Durch gezielte Diskushochzucht über Jahre sind die Diskusfische so farbintensiv geworden, wie sie in der Natur nicht vorkommen. Zuchtauslese, ein Verdienst unserer Diskuspioniere, hat diesen Standard geschaffen. Die Schwierigkeit bei der Nachzucht ist jetzt vielmehr die, daß Elterntiere, die zur Zucht verwendet werden, zwar die Farbe, aber nicht mehr die klassische runde Diskusform haben. Immer mehr sind langgestreckte Diskusfische zu finden. Diese Fische weisen meist Wachstumsschäden auf. Wachstumsschäden sind aber in der Erbanlage nicht vorhanden, so daß sichergestellt ist, daß das zurückgebliebene Elterntier diesen Mangel nicht vererbt. Werden kleine Diskusfische in den ersten Lebenmonaten krank, kommt es schnell zu Wachstumsschäden, die nicht mehr aufzuholen sind. Deshalb muß der Diskuszüchter gerade in den ersten sechs Monaten großes Augenmerk auf die heranwachsenden Diskus richten.

Gelingt es in Deutschland den vorhandenen Qualitätsstandard zu halten, kann sicher behauptet werden, daß hier mit die schönsten und besten Diskusfische gezogen werden.

Im Alter von knapp sechs Wochen ist die Rasselbande nicht mehr zu stoppen. Sie wurden von ihren Eltern getrennt und werden jetzt täglich fünf- bis sechsmal gefüttert, damit sie schnell und vor allem gleichmäßig wachsen. Im Streiflicht ist bereits eine Färbung sichtbar.

Ist der Diskus wirklich ein Problemfisch?

Weshalb gilt der Diskus als Problemfisch? Weshalb glauben viele Aquarianer, daß dieser Fisch nur Spezialisten vorbehalten bleiben soll? Weshalb wird dem Diskus nachgesagt, daß er oft erkrankt? Diese und ähnliche Fragen lassen sich schnell beantworten.

Der Diskus ist nur ein Problemfisch, weil man ihn dazu abgestempelt hat. Sogenannte Diskus-Spezialisten haben nachhaltig den Mythos der schwierigen Zucht und der problemgeladenen Hälterung gewoben. Krank werden nur Diskusfische, die falsch und unachtsam gehalten werden. Der Diskus ist zäher und langlebiger als die meisten „einfachen" Zierfische.

Bei der Pflege von Diskusfischen sind natürlich Regeln zu beachten, die sicherstellen, daß dann die Fische gesund und munter bleiben.

Das wichtigste Instrument, das dem Pfleger in die Hand gegeben wird, ist das Wasser. Diskusfische kommen in der Natur in extrem weichem Wasser vor. Jedoch sind in diesem Wasser viele Huminstoffe enthalten, die für die Fische von lebenswichtiger Bedeutung sind. Setzen wir unserem Beckenwasser jedoch zuviele Huminstoffe zu, wird das Wasser braun und trübe, was das Erscheinungsbild der Fische schmälert. Sicher will kein Diskusliebhaber seine Fische in einem trüben, braunen Wasser schwimmen sehen. Deshalb ist anzuraten, Diskusfische in mittelhartem Wasser von etwa 10 bis 15° dH zu halten. Zur Zucht sollte die Wasserhärte dann heruntergesetzt werden, wobei jedoch Torfextrakte, Spurenelemente und Multivitamine zugesetzt werden.

Große Beachtung wird auch dem pH-Wert des Aquarienwassers beigemessen. Zur Hälterung sind alle Werte zwischen pH 6 und pH 7 als ideal zu betrachten. Auf jeden Fall ist es zu vermeiden, den pH-Wert mit Hilfe von Säuren gewaltsam zu ändern. Dieser Säureeingriff kann bei geringen Fehlern katastrophale Folgen für die Fische haben. Gerade bei sehr weichem Wasser ist ein schnelles Absinken des pH-Wertes möglich. Leichte pH-Wert-Korrekturen können mit Hilfe einer Filterung über Torf vorgenommen werden.

Für die Zucht ist ein leicht saures Wassermilieu anzustreben. Jedoch sollte auch hier der pH-Wert nicht unter den Wert von pH 5 fallen. Mit Torf angesäuertes Zuchtwasser hat auch positive Einwirkungen auf die abgelegten Diskuseier. Die bakterizide Wirkung des Torfes ist unbestritten und wirkt einer Eiverpilzung entgegen.

Großes Augenmerk muß der Diskuspfleger der Wassertemperatur widmen. Der Diskus liebt warmes Wasser. Ideale Hälterungstemperaturen sind 29 bis 30° C. Temperaturen unter 28° C sind unbedingt zu vermeiden. Wer seinen Fischen etwas Gutes tun will, sollte von Zeit zu Zeit die Temperatur langsam, über einen Tag verteilt, auf 31 bis 32° C ansteigen lassen, dann am dritten Tag wieder auf Normalwerte absenken.

Wassertemperaturveränderungen wirken auch stimulierend auf die Eiablage bei Diskusfischen. So werden die Fische bei einem Teilwasserwechsel mit etwas kälterem oder wärmerem Wasser, wie es im Becken ist, zu Balzspielen und einer Eiablage angeregt. Voraussetzung ist natürlich, daß sich die Fische in Laichbereitschaft befinden.

Da es äußerst schwierig ist, in kleinen Aquarien mit verhältnismäßig wenig Wasserinhalt die Tiere vor Bakterienbefall zu schützen, muß immer wieder betont werden, daß hierfür die beste Vorbeugungsmaßnahme ein Teilwasserwechsel ist. Sind die Becken dicht besiedelt oder wird zu wenig

Diskusfische laichen ab

Auf dieser Bildfolge kann das Ablaichen der Diskusfische beobachtet werden. Ein herrliches Diskuspaar hat sich zusammengefunden, um abzulaichen. Beide Tiere sind 16 Monate alt und stammen aus einer verwandten Linienzucht. Das links schwimmende Männchen ist etwas kräftiger im Körperbau als das Weibchen.

Der Diskusmann hat den Tontopf als Laichplatz akzeptiert und beginnt mit dem Putzen des Topfes. Dies ist ein sicheres Zeichen für ein baldiges Ablaichen. Das Weibchen steht verdeckt hinter dem Mann ebenfalls am Topf. Harmonieren Paare so gut, ist mit einer guten Pflege der Eier und Larven zu rechnen.

Das Diskusweibchen hat die typische Laichfärbung angenommen. Die letzten vier bis fünf Streifen werden dunkel sichtbar und der Flossenraum der Rücken- und Bauchflosse färbt sich in den Spitzen dunkel. Der Fachmann spricht vom ,,Rußen" der Tiere.

Jetzt beginnt die Eiablage. Eischnur für Eischnur wird abgelegt. Das Diskuspaar läßt sich jetzt nicht mehr stören. Das Männchen wartet neben dem Weibchen am Topf, um die abgesetzten Eier zu befruchten, sobald das Weibchen zur Seite schwimmt. Bis zu einer Stunde dauert dieses Ablaichen an, danach bewachen die Eltern abwechselnd das Gelege.

Wasser gewechselt, kommt es zwangsläufig zum Anstieg des Nitrat- und Nitritgehaltes im Wasser. Diese Giftstoffe können, wie gesagt, durch Wasserwechsel oder den Einsatz von Anionenaustauschern entfernt werden. Diese Austauscherharze regeln gleichzeitig auch den pH-Wert und pendeln ihn bei Werten zwischen pH 6 und 7 ein. Zu beachten ist jedoch, daß ein Austauscherharz verwendet wird, das Huminstoffe im Wasser beläßt.

Selbstverständlich spielt auch die Fütterung der Diskusfische zu deren Wohlbefinden eine große Rolle. Da wir es heute fast ausschließlich mit Nachzuchttieren zu tun haben, können wir die Freßgewohnheiten der Wildformen vernachlässigen. In der Natur ernähren sich Diskusfische bevorzugt von Süßwassergarnelen.

Die Fütterung muß abwechslungsreich sein. Es erscheint selbstverständlich, daß man seinen Pfleglingen mehrere Futtersorten zur Auswahl anbietet. Wer seine Fische einseitig füttert, muß sich nicht wundern, wenn die Weibchen keinen Laichansatz zeigen. Zum Standarddiskusfutter gehören neben Trockenfuttersorten besonders Mückenlarven, Rinderherz und Enchyträen. Werden diese Futtersorten noch mit Vitaminen und Mineralstoffen angereichert, ist eine optimale Futterversorgung erreicht.

Viele Diskusfische werden in Aquarien ohne Bodengrund und Einrichtung gehalten. Ein Teil der Aquarianer will seine Diskusfische aber auch in bepflanzten und voll eingerichteten Becken pflegen. In diesen Becken ist besonders die Qualität des Bodengrundes und der eingebrachten Wurzeln zu kontrollieren. Gerade der Bodengrund birgt Gefahren. Leicht setzen sich Futterreste in den Kies oder es entwickeln sich Faulgase. Auch Moorkienwurzeln entwickeln im Wasser Fäulnisstoffe und beginnen unangenehm zu riechen. Die Anreicherung mit Nitrit und Nitrat ist dann schnell an einem Wert angelangt, wo es beim Diskus zu Schädigungen kommt. Die Tiere stehen dunkel gefärbt in einer Ecke des Aqariums. Jetzt ist es für den Aquarianer höchste Zeit, etwas zu unternehmen. Eine Lösung ist z. B. die Teilbelegung des Beckengrundes mit Kies. In der vorderen Aquariumhälfte ist der Glasboden sichtbar, in der hinteren Hälfte ist eine Kiesschicht mit Aquarienpflanzen vorhanden. Diese Becken lassen sich gut sauberhalten und sehen doch gut aus. Beachtet der Diskusfreund diese Regeln, hat er vielen Problemen schon vorgebeugt.

Dieser Diskus zeigt die dunklen Körperstreifen, seine typische Schreckfärbung.

Hälterung oder Zucht?

Diese Frage steht im Vordergrund bei der Neuanschaffung von Diskusfischen. Sicherlich werden die meisten Aquarianer, die sich Diskusfische anschaffen, auch den großen Wunsch haben, einmal diese Fische nachzuzüchten. Zumal ja, wie bei vielen Cichliden, der Diskus eine herrliche und interessante Brutpflege bietet. Ein pflegendes Diskuspaar zu betrachten, ist ein absoltuter Hochgenuß für jeden Aquarienliebhaber!

Kommen wir jedoch erst einmal zum Gedanken der Diskushälterung. Hier steht die Pflege der Tiere im Vordergrund. Die Nachzucht spielt noch keine Rolle bei den Kaufabsichten.

Prinzipiell wäre zu klären, ob die Fische in einem Pflanzenbecken oder einem Dikusbekken ohne weitere Einrichtung gehalten werden sollen. Ist ersteres der Fall,. muß die Pflanzenauswahl auf den Diskusfisch abgestimmt werden.

Bei der Pflanzenauswahl ist wieder zu berücksichtigen, daß Diskusfische unbedingt bei Temperaturen über 28° C gehalten werden sollten. Machen Sie hier keine Kompromisse, denn Diskusfische, die in zu kühlem Wasser gehalten werden, neigen schnell zu Krankheiten. Es ist nicht ganz einfach Pflanzen- und Fischwünsche in diesem Fall aufeinander abzustimmen, so daß am Schluß das erfolgreiche Diskusschau-Aquarium steht.

Für das gute Wachstum der Wasserpflanzen ist ein geeigneter Bodengrund in das Becken einzubringen. Da Wasserpflanzen in der Natur gut mit Eisen versorgt werden, sollte die unterste Sandschicht mit einem eisenhaltigen Bodengrund vermischt werden. Ideal ist auch der Einbau einer Bodenkabelheizung, denn so bekommen die Wasserpflanzen keine „kalten Wurzelfüße", und die Zirkulation des Wassers durch den beheizten Bodengrund ist auch besser. So entsteht ein natürlicher Wasserkreislauf im Aquarienbodengrund, der sowohl für die Pflanzen, als auch für die lange Stabilität des Bodengrundes von Bedeutung ist. Auf diese vorbereitete Sandschicht kommt eine weitere Kiesabdeckschicht, die nur aus gewaschenem Kies besteht. Wenn der Kiesboden zur Aquarienrückseite hin leicht ansteigt, ergibt sich für den Betrachter ein harmonischeres Bild. Auch Diskusfische lieben Zufluchtsorte und Merkmale zur Revierbildung. Hier eignen sich besonders gut Steine, die jedoch keine Härtebildner an das Wasser abgeben sollten. Geeignet sind Lavagesteine, Granit oder Schieferplatten. Bei Moorkienwurzeln muß größte Vorsicht geboten sein, denn diese Wurzeln geben Gärstoffe an das Wasser ab, die zu großen Problemen führen können! So manche „Diskuskrankheit" in Gesellschafts- oder Pflanzenbecken kann dadurch geheilt werden, daß die im Becken vorhandenen Wurzeln entfernt werden.

Eine zu dichte Bepflanzung in Diskusbekken schlägt gerne ins Negative über. Die Fische halten sich in den Pflanzen versteckt, werden schreckhaft und sind nicht mehr zu sehen. Deshalb ist anzuraten, einen Pflanzplan für jedes neu einzurichtende Becken zu machen. Wobei unbedingt zu berücksichtigen ist, daß Wasserpflanzen wachsen und sich vermehren.

Für den Bepflanzungsplan ist eine Skizze anzufertigen, auf der alle Pflanzenstandorte eingetragen werden. Anfangs muß beim Diskusbecken in Kauf genommen werden, daß die Bepflanzung etwas spärlich aussieht, aber nach zwei Monaten hat sich das Aussehen durch den Pflanzenwuchs schon verbessert. Bei der Qualität der Wasserpflanzen darf nicht gespart werden. Zu beachten ist, daß nur echte Wasserpflanzen eingekauft werden. Im Handel sind etliche, gut aussehende Pflanzen, die als Moorpflanzen mehr für die Überwasserkultur geeignet sind. Diese Pflanzen wachsen im Wasser nicht mehr und gehen schnell ein. Gerade die farbenprächtigen und bunten Pflanzen sind es, vor denen man sich hüten muß.

Zu Ihrer Orientierung sind an dieser Stelle die wichtigsten Pflanzen aufgeführt, die sich bei der Einrichtung eines Diskusbeckens wirklich bewährt haben. Wählen Sie für die Vordergrundbepflanzung niedrig bleibende, rasenbildende Arten aus. Einzelstehende Solitärpflanzen geben Diskusbecken die gewünschte Tiefe, ohne daß die Fische die Möglichkeit haben sich hier zu sehr zu verstecken. Für den Hintergrund sind hohe, schlanke Arten vorzuziehen.

Aponogeton sind Wasserähren, die alle für Diskusbecken geeignet sind, denn sie vertragen Temperaturen um 28° C. Alle Wasserährenarten haben Pflanzenknollen und braucen eine Ruhepause. Sie wachsen im Aquarium etwa ein halbes Jahr, dann beginnen sie sich einzuziehen. Jetzt sind die Knollen aus dem Aquarium zu entfernen und in feuchtem Kies oder feuchtem Torf für zwei Monate an einem kühlen Ort aufzubewahren. Nach einer Ruhezeit von zwei Monaten ins Aquarium zurückgesetzt, beginnen sie sofort wieder zu herrlichen Pflanzen heranzuwachsen.

Aponogeton crispus – Krause Wasserähre

Sie hat schmale, lanzettförmige Blätter, die gewellt und am Rand leicht gekräuselt sind. Sie braucht viel Licht, wächst dann aber ausgezeichnet. Sie blüht im Aquarium auch sehr leicht.

Aponogeton henkelianus – Große Gitterpflanze

Diese Aponogetonart wächst sehr gut und ist anspruchslos. Als Solitärpflanze ist sie ein Mittelpunkt für jedes Aquarium. Sie wird bis zu 50 cm hoch.

Aponogeton ulvaceus – Echte Madagascar Ulvaceus

Eine zart durchscheinende Pflanze, die aber doch robust genug ist für ein Diskusbecken. Durch ihr zartes Hellgrün ist sie ein schöner Blickfang. Sie kann bis zu 60 cm hoch werden, bleibt aber meist kleiner.

Aponogeton undulatus – Thailand-Wasserähre

Sie ist in jedem Zoofachgeschäft zu finden. Diese schnellwachsende Pflanze hat kräftige, olivgrüne Blätter. Sie eignet sich gut zur Gruppenbepflanzung im Hintergrund.

Crinum natans crispus – Krause afrikanische Wasserlilie

Zwiebelgewächs mit schmalen dunkelgrünen und genoppten Blättern, die in sich gekräuselt und gewellt sind. Diese außergewöhnliche Blattform macht sie zu einer attraktiven Schaupflanze, und auch als Solitärpflanze ist sie besonders zu empfehlen. Durch ihre feste, ledrige Blattstruktur können ihr Fische wenig anhaben. Die Wuchshöhe beträgt im Aquarium bis zu 50 cm.

Crinum thalanum – Thailand-Wasserlilie

Ebenfalls eine Wasserlilie mit Zwiebelknollen. Diese Art wird bis zu 100 cm hoch. Die langen, bandartigen Blätter legen sich dann auf die Wasseroberfläche und bilden eine natürliche Abdeckung. Aus diesem Grund sollte diese Pflanze auch immer nach hinten und in Ecken gepflanzt werden.

Cryptocorynen sind Wasserkelcharten, die mit ihren kräftigen und breiten Blättern als Bodendecker im Diskusbecken gut einzusetzen sind. Jedoch soll auch hier eine zu dichte Bepflanzung vermieden werden, da es dann schwierig wird, den Bodengrund regelmäßig abzusaugen.

Alle Cryptocorynen wachsen sehr langsam und stellen an die Beschaffenheit des Bodengrundes größere Anprüche. Temperaturen von 28° C vertragen sie problemlos.

Cryptocoryne affinis – Haertels Wasserkelch

Eine bekannte und gutwachsende Wasserkelchart. Auf der Oberseite ist sie dunkelgrün, auf der Unterseite rötlich gefärbt. Sie bekommt viele Ausläufer und vermehrt sich bei Wohlbefinden rasch. Da sie nur 15 cm hoch wird, ist sie für die Vordergrundbepflanzung geeignet.

Eingerichtete Schaubecken mit einer großen Pflanzenvielfalt ziehen den Betrachter magisch an. Zwischen diesen Pflanzen fühlen sich gesunde Diskusfische sehr wohl. In diesem Biotop laichen sie sogar ab.

Durch Schwimmpflanzen lassen sich in oben offenen Becken die Unterstände für Diskusfische gut abdecken.

Der klein bleibende Königscichlide – Pelvicachromis pulcher, ist ein friedlicher Partner für Diskusfische, wenn diese in eingerichteten Aquarien zusammengehalten werden.

Cryptocoryne balansae – Genoppter Wasserkelch

Diese Cryptocoryne hat schmale, stark genoppte, grün-bräunliche Blätter. Außer, daß sie einen hohen Lichtbedarf hat, stellt sie keine weiteren Ansprüche. Sie kann bis zu 40 cm hoch werden und eignet sich für die Mittelgrundbepflanzung.

Cryptocoryne ciliata – Hellgrüner Wasserkelch

Bei guter Beleuchtung wird sie bis zu 50 cm hoch. Eine schöne Solitärpflanze, die sich durch Ausläufer vermehrt. Doch auch eine Gruppe von drei bis vier Pflanzen im Beckenhintergrund ist empfehlenswert.

Cryptocoryne parva

Eine extrem klein bleibende Cryptocorynenart. Sie wird nur bis zu 5 cm hoch und ist deshalb für die rasenbildende Vordergrundbepflanzung besonders geeignet. Die schönen lanzettförmigen Blättchen laufen spitz zu. Zwar wächst sie sehr langsam, aber stetig.

Echinodorusarten sind Schwertpflanzen. Sie sind Sumpfpflanzen aus Südamerika. Echinodorusarten sind in der Aquaristik weit verbreitet und fast alle sind für Diskusbecken gut geeignet. Sie lieben nährstoffreiche Böden und danken dann mit gutem Wachstum. In dieser Familie sind kleinste Zwergpflanzen für die Vordergrundbepflanzung und riesige Schaupflanzen ebenso vorhanden. Die hier aufgeführten Arten vertragen Wassertemperaturen bis 30° C, was sie prädestiniert für unsere Diskusbecken.

Echinodorus amazonicus – Amazonas-Schwertpflanze

Hellgrüne, lanzettartige Blätter an kurzen Stielen zeichnen diese Pflanze aus. In Gruppen eingepflanzt, erreicht sie eine Wuchshöhe von 35 cm. Als Solitärpflanze kann sie bis zu 50 cm hoch werden.

Echinodorus cordifolius – Großer Froschlöffel

Eine majestätische Pflanze. Für große Aquarien der Mittelpunkt. Wird bis zu 50 cm hoch und hat hellgrüne, rundlich bis herzförmige Blätter, die einen Durchmesser bis zu 20 cm erreichen können. Die Pflanze paßt sich etwas der Aquariengröße an. Hochtreibende Schwimmblätter müssen sofort entfernt werden.

Echinodorus muricatus – Spitzblättriger Froschlöffel

Eine dem großen Froschlöffel ähnliche Schwertpflanze, deren Blätter aber spitz zulaufen. Die hellgrünen Blätter haben teilweise braune Punkte. Die bis zu 60 cm hoch werdende Pflanze wächst schnell und kann auch über den Aquarienrand hinauswachsen. Dann ist sie eine attraktive Schaupflanze, jedoch muß sich der Pfleger auf diesen Umstand einstellen.

Echinodorus paniculatus – Große Amazonas-Schwertpflanze

Diese gutwachsende Amazonas ist eine der beliebtesten Wasserpflanzen. Die sattgrünen, lanzettförmigen Blätter werden bis zu 8 cm breit. Große Solitärpflanzen bilden Büsche mit bis zu 50 Blättern. Mehrere dieser Pflanzen in den Hintergrund gepflanzt, sind der richtige Abschluß für ein Diskusbecken.

Echinodorus grisebachii – Amazonas-Schwertpflanze

Diese Zwergamazonas ist vielen Aquarianer bekannt. Sie ist eine rasenbildende Pflanze für den Vordergrund. Die Wuchshöhe beträgt nur 10 cm. Durch ihre Ausläufer bildet sie schnell eine dichte Vordergrundbepflanzung.

Echinodorus tenelleus – Zwergschwertpflanze

Mit ihren 5 cm Wuchshöhe ist sie wahrlich ein Zwerg unter den Amazonasschwertpflanzen. Wenn ihr ausreichend Licht geboten wird, wächst sie bestens. Mit ihren Ausläufern bildet sie einen schönen, dichten Rasenteppich im Aquarium.

Vallisnerien sind schlanke, dekorative Hintergrundpflanzen, die an das Aquarienwasser keine großen Ansprüche stellen. Sie vertragen ebenfalls Temperaturen bis 30° C.

Vallisneria gigantea – Riesenvallisnerie

Diese bis zu 200 cm groß werdende Pflanze macht so ihrem Namen alle Ehre. Bis zu 3 cm breit werden die bandartigen Blätter, die sich, an der Oberfläche angekommen, umlegen. Sie treibt viele Ausläufer und vermehrt sich gut. Eine dekorative Hintergrundpflanze, wenn sie in Gruppen von drei bis fünf Exemplaren eingesetzt wird.

Vallisneria spiralis – Glattblättrige Vallisnerie

Die hellgrünen, bandartigen Blätter werden etwa einen cm breit. Ihren Namen trägt sie, weil die Blütenstiele der weiblichen Pflanzen gedreht sind. Sie treibt ebenfalls viele Ausläufer und wächst sehr gut. Diese Vallisnerie wird nur 50 cm hoch.

Versicularia dubyana – Javamoos

Ein Aquarienmoos, das sehr gut gedeiht. Es überzieht Steine und Dekorationsmaterial mit seinem dunkelgrünen Moosteppich. Der Lichtbedarf ist nicht sehr hoch.

Diese vorgenannten Aquarienpflanzen stellen eine Auswahl der idealen Wasserpflanzen für ein Diskusschaubecken dar. Wichtig für das Gedeihen der Pflanzen sind neben dem Bodengrund aber auch andere Faktoren, die zu berücksichtigen sind. Dabei dürfen aber die Ansprüche und Lebensgewohnheiten der Diskusfische nicht außer acht gelassen werden.

Da Wasserpflanzen aus den Tropen stammen, brauchen sie fast alle viel Licht. Ideal ist eine Beleuchtung über 12 Stunden täglich. Für eine Wassertiefe von 50 cm sind drei Leuchstoffröhren vorzusehen. Dabei ist auf gute Lichtreflexion durch einen Reflektor hinter den Leuchtstoffröhren zu achten, da sonst zuviel Licht verlorengeht. Auch ist zu berücksichtigen, daß Leuchtstoffröhren schon nach 6 Monaten die Hälfte ihrer Leuchtkraft einbüßen.

Eine Alternative zu den Leuchtstoffröhren sind die Quecksilberdampf-Lampen. Diese hängen frei über dem Aquarium, welches dann nicht mehr abgedeckt werden muß. Dies kann dazu führen, daß Wasserpflanzen aus dem Aquarium herauswachsen. Eine schöne Möglichkeit, ein besonderes Aquarium zu pflegen. Bei der Wahl des Lichtes und der Einrichtung des Aquariums müssen auch etwas dunklere Ecken für die Diskusfische eingeplant werden. Hierhin kann sich der Diskus dann zurückziehen. Es ist sicher falsch, zu behaupten, daß der Diskus nur dämmrige und dunkle Aquarien liebt. In der Natur ist er ja auch dem Tageslicht der Tropen voll ausgesetzt.

Ist das Aquarium für die Diskusfische bepflanzt, muß es Gelegenheit haben, sich erst einmal einzulaufen. Hier sollte der Aquarianer großzügig sein und mindestens 14 Tage,

Bei diesem Paar stand der Zuchterfolg im Vordergrund. Leider wurden dabei die Regeln der idealen Paarbildung mißachtet. Ein herrlicher Brillanttürkis-Mann wurde mit einem einfachen grünen Weibchen verpaart. Das Gelege ist zum Großteil bereits verpilzt.

besser vier Wochen, warten, bis er seine Diskusfische in dieses Becken setzt. Da in neueingerichteten Pflanzenbecken sehr gerne Algen auftauchen, sollten am Anfang gleich algenvertilgende Fische eingesetzt werden. Geeignet sind für ein 200 bis 300 Liter fassendes Aquarium etwa vier bis sechs Saugschmerlen – Gyrinocheilos aymonieri – und drei bis fünf Otocinclus-Welse. Diese Fische sollen aber in den ersten zwei bis drei Wochen nicht extra gefüttert werden, damit sie sich auf die Algenvertilgung konzentrieren. Als Futterresteverwerter sind später noch einige Panzerwelse einzusetzen.

Zur Vergesellschaftung mit Diskusfischen eignen sich nicht viele Fische. Überhaupt sollte überlegt werden, ob in ein Diskusschaubecken noch andere Fische gehören. Skalare gehören sicher nicht in ein Diskusbecken, denn diese räuberischen Fresser schnappen den Diskusfischen viel Futter weg und übertragen noch dazu parasitäre Krankheiten. Wenn Sie unbedingt noch weitere Fische mit Diskusfischen vergesellschaften wollen, dann sollten Sie sich auf einen Schwarm von Amazonassalmlern, wie Glühlichttetra, Karfunkelsalmler, Rotmaulsalmler, Kirschflecksalmler, Schmucksalmler, Rosensalmler, Serpasalmler oder Neonsalmler konzentrieren. Da diese Salmler Schwarmfische sind und nur im Schwarm zur Geltung kommen, sollten schon mindestens zehn Tiere im Schwarm zusammen gehalten werden.

In großen Becken kann auch ein Pärchen Schmetterlingsbuntbarsche, die ja besonders friedlich sind, mit Diskusfischen vergesellschaftet werden. Mittelpunkt des Beckens sollten aber immer die Diskusfische bleiben.

Wieviele Diskusfische können in einem solchen Aquarium gepflegt werden? Da der Diskus auch in der Natur in Schwärmen vorkommt, sollten Diskusfische nie einzeln gehalten werden. Wenn Sie mit Jungfischen beginnen wollen, sollten es für ein 200- bis 300-Liter-Aquarium mindestens vier, höchstes acht Fische sein. Sehr schön ist es auch, nur zwei erwachsene Diskusfische einzusetzen. Wenn Sie das Glück haben von einem seriösen Händler ein Paar zu kaufen, das sich auch gut verträgt, haben Sie einen Blickfang ersten Ranges in ihrem Becken. Ein Diskuspaar in einem solchen Pflanzenschaubecken ist sicher der Traum jedes Diskusliebhabers. Auch die Nachzucht von Diskusfischen ist in einem Pflanzenaquarium möglich. Sicher gelingt es hier nicht, die ganze Brut aufzuziehen, denn manches Junfischchen wird vielleicht ein Opfer der Mitbewohner, aber diese natürliche Umgebung, gepaart mit der Brutpflege der Eltern, entschädigt den Betrachter vollauf.

Bei dieser Art von Hälterung werden Sie als Diskusliebhaber viel Freude haben. Daß ein solches Pflanzenbecken natürlich überwacht werden muß was die Wasserqualität angeht, ist verständlich. Der pH-Wert sollte möglichst unter pH 7,0 liegen, was auch für die Pflanzen besser wäre. Bei einer Kohlensäuredüngung, die besseres Pflanzenwachstum garantiert, muß auch der Nitratgehalt des Wassers überprüft werden, denn der Diskus regiert negativ auf zu nitrathaltiges Wasser.

Will sich der Diskusliebhaber der Zucht von Diskusfischen widmen, sieht die ganze Sache sofort etwas anders aus. Die Zucht dieser Fische erfordert sehr viel Aufmerksamkeit und Liebe. So nebenbei Diskusfische zu züchten, endet meist mit Frustration. Bevor es an die Einrichtung einer Diskusanlage geht, muß am Anfang Sinn und Zweck dieser Anlage stehen. Die technische Einrichtung einer Diskusanlage ist in einem späteren Kapitel beschrieben.

Diskusfische zu züchten, erfordert auch einen hohen Zeitaufwand. Der ernsthafte Züchter, der die Zucht nicht wegen des finanziellen Erfolges betreibt, muß auch mindestens drei oder vier Aquarien betreiben, um zum Ziel zu kommen. Schnell sind da 500 bis 1000 Liter Wasser beisammen, die täglich zu pflegen sind. Der Zeitaufwand zur Reinigung der Becken und Filter, der Fütterung und des Teilwasserwechsels muß auch schon bei kleinen Anlagen mit täglich ein bis zwei Stunden veranschlagt werden. Schnell kann das Betreiben einer Diskuszucht in Arbeit ausarten. Ein Zuchtbecken reicht für den Anfang schon nicht aus, denn wegen der Auswahl wird wohl ein zweites Paar erwünscht sein. Da Diskusfische bei der Brutpflege auch mal streiten, muß ein Ausweichbecken zur Verfügung stehen. Für die erhoffte Nachzucht muß mindestens ein größeres Becken bereitstehen. Ziehen beide Paare Junge auf, sind

Dieses Flächen-türkis-Paar stellt eine ideale Paarbildung dar, denn beide Fische haben ein fast gleiches Aussehen bei ähnlichen Erbanlagen. Die Nachkommen versprechen ebenfalls, herrliche Diskusfische zu werden.

schon zwei Aufzuchtbecken erforderlich. Da Diskusfische aber nicht in großen Stückzahlen in normalen Aquarien aufgezogen werden können, muß entweder bald mit dem Verkauf der Jungfische oder dem Aufstellen eines weiteren Aquariums begonnen werden. So entstehen langsam aber sicher wunderbare Diskuszuchtanlagen.

Ziel einer Diskuszucht sollte es sein, die Farbschläge und die typische Diskusform zu festigen. Dies ist nicht einfach. Sehr schnell unterliegt der Neuling in der Diskuszucht der Faszination, daß die Nachzucht geklappt hat und züchtet dann ohne Rücksicht auf Qualität der Elterntiere nach. So kommt es zu Kreuzungen verschiedener Farbschläge und zu Jungtieren, die nicht dem Standard entsprechen. Es nützt wenig, wenn ein guter Türkisdiskus mit einem einfachen Braunen Diskus gekreuzt wird. Die Mehrzahl der Nachzuchten wird in der Farbe unbefriedigend sein. Diese farblich schwachen Nachzuchttiere sind schwer verkäuflich. Der Käufer von Diskusnachzuchten erwartet gute Qualität. Die jetzt getroffene Aussage soll nicht bedeuten, daß braune Diskusfische nicht verkäuflich wären. Gute, intensiv braun gefärbte Diskusfische finden sicher ihren Abnehmer, zumal diese Fische heute eine Ausnahme auf dem europäischen Markt sind. Werden die klassischen Farbschläge in Reinform nachgezogen, sind sie sicher auch gut verkäuflich. Den Höchstpreis werden aber immer wieder die guten Türkisdiskus erzielen. Gelingt es dem Züchter, Hochzuchttiere in Brillanttürkis oder Flächentürkis zur Nachzucht zu bringen, hat er sicher keine Schwierigkeiten beim Absatz dieser Jungfische.

Empfehlungen zum Diskuskauf

Diskuskauf ist Vertrauenssache, damit soll dieses Kapitel eingeleitet werden. Diskusfische sind keine Massenware. Es werden zwar monatlich Tausende junger Diskusfische in Deutschland verkauft, dennoch müssen beim Kauf einige Grundregeln beachtet werden. Diskusfische sollen dort gekauft werden, wo der Käufer die Gewähr dafür hat, daß er auch die Fische erhält, als welche diese angeboten wurden. Werden Türkisnachzuchten gekauft, sollten nach einigen Monaten auch Türkisdiskus im Becken des Käufers schwimmen. Wie soll aber bei kleinen Diskusfischen, die gerade sechs Wochen alt und vier Zentimeter groß sind, der Farbschlag zu erkennen sein.

Eine sehr gute Hilfe ist es, einen Jungfisch mit dem Netz herauszufangen und im Netz unter eine Lichtquelle zu halten. Schauen Sie sich diesen Fisch genau an! An der Färbung der Schuppen ist so schon in diesem Alter zu erkennen, welcher Farbschlag hier vorliegt. Bereits kleine Türkisdiskus müssen eine irisierende grünliche Färbung aufweisen. Ein richtiger türkisfarbener Schimmer muß über den ganzen Körper zu sehen sein. Nicht die Färbung des Kopfes, sondern des ganzen Körpers ist zu beachten. Diese Methode bewährt sich auch bei großen Fischen. Da die Beleuchtung eine große Rolle bei der Brillanz der Diskusfarben spielt, sind die vorhandenen Farben nach dem Herausfangen schön zu sehen. In einem anderen Becken bei besserer Beleuchtung kann ein zuvor unscheinbarer Diskus seine volle Schönheit entfalten. Auch spielt die Tageszeit und die Verfassung der Tiere eine Rolle. Gerade in den Abendstunden sind Diskusfische besonders schön. Sind die Tiere gesund und fühlen sie sich wohl, zeigen sie auch ihre schönsten Farben.

Diskusfische müssen rund sein. Diese Körperform muß auch schon bei jungen Fischen vorhanden sein. Langgestreckte Diskusfische sind in ihrem Wachstum zurückgeblieben. Dieses Zurückbleiben äußert sich stark in einem zu großen Auge. Erscheint das Auge, im Verhältnis zur Körpergröße, zu groß, ist dieser Diskus im Wachstum zurückgeblieben. Zu irgendeinem Zeitpunkt war dieser Fisch krank und hat eine Zeitlang die Nahrungsaufnahme verweigert. Diese Körperschäden sind nicht mehr regulierbar. Selbst bei guter Plege bleiben diese geschädigten Fische im Wachstum zurück. Dieser Mangel vererbt sich nicht. Kleinwüchsige Diskusfische vererben an ihre Nachkommen nur die natürlich vorgegebenen Erbanlagen. Schäden, die bei der Aufzucht und Hälterung durch Menschenhand verursacht wurden, gehen nicht auf die Nachkommen über. Wenn die Nachzuchtfische gut gepflegt werden, werden sie die „normale" kräftige Diskusform erreichen und sich deutlich von der Form ihrer Eltern abheben.

Beim Kauf von Jungfischen ist unbedingt darauf zu achten, daß diese keinen typischen Messerrücken haben. Von vorne oder oben betrachtet ist dieser Messerrücken deutlich zu erkennen. Sind junge Diskusfische bereits um die Kopf- und Rückenpartie so stark eingefallen, sind sie nicht mehr zu retten, beziehungsweise für eine spätere Nachzucht ungeeignet. Von vorne und oben betrachtet muß die Kopfpartie gesunder Diskusfische deutlich nach außen abgerundet sein. Besonders über den Augen muß die Kopfform rund sein.

Zeit muß beim Diskuskauf vorhanden sein. Dem Betrachter, der einige Minuten ruhig vor einem Becken sitzt, zeigt sich schnell, was in diesem Becken los ist. Sind die Tiere scheu

Aus einem Schwarm gleichaltriger Diskusfische, die laichreif sind, läßt sich mit viel Geduld und einiger Erfahrung ein Paar heraussuchen. Hierbei können mögliche Geschlechtsmerkmale bei der Auswahl herangezogen werden.

und dunkel in einer Ecke des Aquariums, ist Vorsicht angeraten. Gesunde Diskusfische zeigen auch ihre Senkrechtstreifen, denn diese Signale werden bei den Revierkämpfen benutzt. Senkrecht sichtbare Streifen sagen nichts Negatives über den Gesundheitszustand aus. Sind die Tiere aber am ganzen Körper dunkel gefärbt und normalisiert sich diese Färbung nicht schnell wieder, dann ist von einem Kauf abzuraten. Gesunde Diskus geben, je nach Fütterung, einen rötlich-braunen bis schwarzen Kot ab. Kräftige Kotportionen im Wasser oder an den Tieren hängend deuten auf Gesundheit hin. Weißliche, durchsichtige und gallertartige Kotfäden dagegen lassen auf Parasitenbefall schließen. Sicher sind diese Parasiten zu bekämpfen, aber der neue Besitzer muß sich auch mit der Bekämpfung auskennen. Neulingen auf dem Gebiet der Diskuspflege ist auch hier vom Kauf abzuraten.

Viele Diskusfische haben in der Kopfregion kleine Löcher. Die Ursache dieser Löcher ist schwierig zu diagnostizieren. Da Hexamita bis heute am Diskus nicht nachgewiesen sind, ist anzunehmen, daß es sich um Spironucleusbefall oder einen Algenpilz handelt. Kleine stecknadelkopfgroße Löcher um das Auge herum können als harmlos und normal bezeichnet werden; vermutlich eine Alterserscheinung, die aber bereits bei einjährigen Tieren auftaucht. Größere kraterartige Löcher sind dagegen kritischer zu sehen. Haben die Diskusfische unschöne, große Löcher, kann es sich um die Lochkrankheit handeln. Sind weiße Knospen oder Auswüchse in den Löchern oder auf dem Kopf zu sehen, zählt auch dieser Fisch nicht zu den Diskusfischen, die gekauft werden sollen.

Ein weiterer Beobachtungspunkt für den Diskuskäufer müssen die Kiemen der Fische sein. Gerade der Diskus leidet gerne an Kiemenwürmern oder Kiemenparasiten. Haben die Fische Parasiten- oder Wurmbefall in den Kiemen, dann atmen sie nur einseitig. Dies bedeutet, daß nur ein Kiemendeckel jeweils zum Atmen abgespreizt wird. Der zweite Deckel liegt eng am Kopf an. Auch ein Scheuern der Kiemen an Einrichtungsgegenständen zeigt einen Parasitenbefall an. Kiemenwürmer oder Parasiten sind lästige Gesellen; sie machen dem Diskus schon zu schaffen. Mit Medikamenten ist dieses Problem zu lösen, aber es ist erforderlich, daß der neue Besitzer eine Zeitlang die Behandlung der Fische durchführt. Dies setzt auch voraus, daß ein Quarantänebecken vorhanden ist, denn diese Fische müssen zuerst einige Tage in Quarantäne, bevor sie mit anderen, bereits vorhandenen Fischen vergesellschaftet werden können.

Da Diskusfische immer relativ hohe Verkaufspreise haben, kann der Käufer schon verlangen, daß die Fische vor seinen Augen gefüttert werden. Gerade ausgewachsene Tiere, die schnell einige hundert Mark kosten, sind so auf ihr Wohlbefinden zu kontrollieren.

Diskusfische sollten schon Interesse an dargebotenem Futter haben. Sie sind ruhige Fresser, die sich gerne Zeit lassen. Sind sie gesund, müssen sie einiges an dem dargebotenen Futter aufnehmen. Allerdings sollten die Fische vor einem möglichen Transport nicht mehr viel fressen, denn sonst kann es bei längeren Transporten zu einem Verderb des Wassers kommen. Die Tiere erbrechen möglicherweise beim Fang bereits aufgenommene Nahrung.

Bei kurzen Transporten über wenige Stunden können die Tiere ohne Sauerstoffzusatz transportiert werden. Jedoch muß die Wassermenge der Transportdauer angepaßt werden. Je länger der Transport dauert, desto mehr Wasser muß verwendet werden. Der sicherste Transport erfolgt in Plastikbeuteln, die in Kartons gestellt werden. Die Kartons können mit Styropor oder Papier ausgepolstert werden. Kräftige Transportbeutel gibt es im Langerhaushandel. Dort werden sehr gute Plastikbeutel für Getreideabpackung eingesetzt. Größere Tiere stechen einfache Plastikbeutel durch, deshalb sollen mindestens zwei Plastikbeutel ineinandergesteckt werden. Diskusfische niemals direkt in Styroporkartons oder Plastikeimern transportieren! Die schreckhaften Tiere verletzen sich leicht an den harten Wänden. Besonders Augenschleimhautverletzungen sind hierbei akut. Die verletzten Augen bleiben meist auf Dauer geschädigt. Die Pupille verkümmert und bleibt klein.

Die Verwendung von Peroxid-Sauerstofftabletten ist abzulehnen, da diese Tabletten, falsch dosiert, verheerende Wirkungen für die Schleimhaut der Fische haben. Ideal wäre die Verwendung reinen Sauerstoffs aus einer Flasche. Mit reinem Sauerstoff können die Tiere in Isolierpackungen aus Styropor mühelos 36 Stunden überstehen.

Die Übersiedlung in das neue Aquarium zu Hause muß schonend vorgenommen werden. Langsam ist Beckenwasser in den Transportbeutel zu schütten. Nach einer halben Stunde ist die Temperatur und der pH-Wert angeglichen. Jetzt kann der neue Fisch schonend mit dem Netz umgesetzt werden. Das Transportwasser ist wegzuschütten.

Anfangs stehen große Diskusfische sehr schlecht im Aquarium. Es kann sogar vorkommen, daß sie flach am Boden liegen. Die Tiere atmen sehr schwer und die Augen treten aus den Höhlen hervor. Dies ist kein Grund zu großer Panik, denn bereits nach einer Stunde schwimmt auch dieser Fisch wieder einigermaßen munter durch sein neues Zuhause.

Am ersten Tag ist bei großen Fischen von einer Fütterung abzusehen. Kleine Diskus dagegen fressen sehr schnell wieder und sollten auch bald gefüttert werden.

Dieser gesunde Jungfisch zeigt bereits im Alter von zehn Wochen den herrlich türkisen Farbansatz.

Aufbau eines Zuchtstammes

Da das Ziel fast jedes Diskusliebhabers die Nachzucht dieser herrlichen Fische ist, muß der Qualität der Zuchttiere entsprechende Aufmerksamkeit geschenkt werden. Ziel des Zuchtbeginns muß es sein, gute Diskusfische zu besitzen. Unter guten Diskusfischen sind Tiere mit guter, hoher Form und reiner Farbe zu verstehen. Besonders die typische runde, bullige Diskusform muß bei der Nachzucht erhalten bleiben. Ein zu starkes Einkreuzen verschiedener Farbschläge ist zu unterlassen. Sicher lassen sich Erbanlagen durch Auslesezucht festigen, jedoch setzt dies voraus, daß genügend Raum für eine ausreichende Zahl von Fischen dieser Anlagen vorhanden ist.

Der Beginn kann so aussehen, daß eine Anzahl von Jungfischen herangezogen wird. Wegen möglicher Inzucht sollten jedoch nicht nur Fische eines Paares für die Nachzucht großgezogen werden, sondern es sollten parallel noch Jungtiere eines zweiten oder dritten Paares dazukommen. Da es nicht einfach ist, junge Diskusfische ohne Aufzuchtschäden großzuziehen, müssen auch ausreichend Jungfische für diesen Zweck ausgesucht werden. Dies bedeutet, daß der Aquarianer, der sich ernsthaft mit dem Aufbau einer Diskuszucht befaßt, mindestens zwanzig, besser dreißig oder vierzig Jungtiere aufzieht. Sicher können unter normalen Platzverhältnissen nur schwierig vierzig Diskusfische großgezogen werden. Dies ist auch nicht unbedingt nötig. Aber der Gedanke der hohen Jungtierzahl ist begründet in der Auswahl. Nach vier bis sechs Monaten sind die Jungfische etwa sechs bis acht Zentimeter groß und zeigen schon viel Farbe. Auch die Körperform, gemessen am Auge, und die Körpergröße, für Rückschlüsse auf das mögliche Geschlecht, sind gut abzuschätzen.

Jetzt ist der Zeitpunkt gekommen auszuwählen. Die Hälfte der Tiere kann zur weiteren Aufzucht aussortiert werden. Die Auswahlkriterien werden die Farbansätze, die Körpergröße und Form sein. Tiere, die nicht den vollen Erwartungen entsprechen, werden abgegeben. Bei der Auswahl der Tiere nach Körpergröße muß in diesem Altersstadium bereits darauf geachtet werden, daß neben den größten Jungfischen auch eine gleichgroße Anzahl Jungfische mittlerer Größe für die weitere Pflege zurückbehalten werden. Erfahrungsgemäß sind unter Geschwistern die Weibchen etwas kleiner als die Männchen. Würden nur die großen Tiere zurückbehalten, hätte dies zur Folge, daß später ein Überangebot an Männchen zurückblieb. So sind von ursprünglich dreißig oder vierzig Tieren die besten ausgesucht worden. Nach einem Jahr beginnen bereits die ersten Ablaichversuche. Jedoch müssen dazu die Tiere in kleinere Gruppen zu drei oder vier Tieren gesetzt werden. In großen Aquarien in Gruppen zu zehn und mehr Fischen gehalten, bilden sich nur schlecht Zuchtpaare.

Aus den so erhaltenen Spitzendiskus können exzellente Paare gebildet werden. Bei der Paarbildung sollte natürlich versucht werden, Tiere mit gemeinsam auftretenden erwünschten Merkmalen zur Zucht bringen. Leider kann es vorkommen, daß sich „ideale" Paare nicht vertragen und eine Zucht unmöglich ist. Aus dieser Tatsache heraus ist wieder zu verstehen, weshalb eine größere Anzahl von Fischen mit ähnlichen Merkmalen gehalten werden sollte. Erst dann kann eine Diskushochzucht möglich werden. Die Diskushochzucht unterscheidet sich von der Diskuszucht darin, daß hier besonders die Festigung der Farbe und der

Durch strenge Zuchtauswahl ist es gelungen, reinerbige Brillanttürkis-, Rottürkis- und Streifentürkis-Diskusfische zu züchten. Die Erhaltung dieses Zuchtstandards ist anzustreben.

Nachzuchttier von Heckel-Diskus und Royal Blue. Der starke Mittelstreifen, der für Heckel-Diskus typisch ist, zeigt sich hier noch verwaschen.

Zeichnungsmuster angstrebt wird. Da ist zum Beispiel der Verlauf der „Flammung" auf den Körpern von Bedeutung. Fische mit möglichst parallel verlaufender Linierung werden zusammengestellt, um diese Zeichnung bei den Nachzuchten zu festigen. Oder der hohe Rotanteil in Bauch- und Brustflossen soll erhalten oder verstärkt werden. Bei der Farbauswahl sind Tiere mit besonderer Farbsättigung zueinander zu bringen. Gelingt es, kräftig blau gefärbte Flächendiskus zur Nachzucht zu bringen, werden die Jungfische sicher in hohem Maße ebenfalls flächig und kräftig blau werden. Durch mögliche Rückkreuzungen können diese Merkmale noch verstärkt werden.

Will sich der ernsthafte Diskuszüchter der Hochzucht und Inzucht verschreiben, um seine Spitzentiere herauszuzüchten, muß er sich intensiv mit der Vererbungslehre befassen und viel Zeit investieren. Da Diskusfische erst nach mehreren Lebensmonaten qualitativ beurteilt werden können, ist eine Auswahl weiterer Zuchttiere sehr langwierig.

Was der Lohn dieser schwierigen Züchterarbeit ist, ist an den schönen Diskusfischen zu sehen, die heute in deutschen Liebhaberbekken schwimmen. Entstanden sind diese herrlichen Diskusfische aus den Naturformen. Vergleicht man selbst die herrlichsten Wildfänge mit Kobaltflächigen oder Brillanttürkis Diskusfischen, muß erkannt werden, daß es diese Farbenkonzentration in der Natur nicht gegeben hat. Zuchtauslese und Hochzucht über Jahre haben diese Ergebnisse gebracht.

Die Natur lieferte schöne Blaue Diskusfische – symphysodon aequifasciatus haraldi. Der Mensch wählte aus Hunderten von Wildfängen wenige der schönsten aus, um daraus Royal Blue Diskus, Brillantdiskus und Kobaltdiskus zu züchten. Dies ist gelungen, teils durch Mutationen, teils durch eiserne Auslese.

Jetzt ist der Rote Diskus der Traum aller Diskuszüchter, doch er wird es noch eine Zeit bleiben müssen. Ansätze sind vorhanden, jedoch spielen viele Faktoren hier hinein. Flächige rote Tiere zu züchten, dürfte kaum möglich sein. Türkisdiskus mit roten Querlinien sind bereits auf dem Markt. Jedoch können Türkisdiskus mit braunroten Streifen noch nicht unbedingt als Rottürkis angeboten werden. Hier ist oft das Wunschdenken des Züchters schon etwas zu weit vorangeschritten. Mit dem Wort „Rottürkis" sollte etwas sorgsamer umgegangen werden. Vielleicht ist der Standard des Rottürkis eines Tages zu festigen, dann wird diese Farbvariante Bestandteil in der Nomenklatur der Diskusfische sein.

Vererbungslehre für Diskuszüchter

Über Vererbungslehre und die Folgen für die Diskuszucht macht sich der Diskusliebhaber wenig Gedanken. Bildet sich im Becken oder der Anlage ein Paar, laicht dieses ab und zieht die Jungen harmonisch auf, freut sich jeder Besitzer. Nie käme er auf den Gedanken, diese beiden Fische auseinanderzureißen, nur der Vererbungslehre willen. Sicher ist dies in der Hobbyzucht auch nicht nötig. Doch sollte hier zumindest so viel Wissen um die Vererbungslehre vorhanden sein, damit die Ergebnisse der Nachzucht verstanden werden.

Bei der Zucht von Haustieren und Nutztieren macht sich der Mensch das Wissen um die Vererbungsregeln zunutzen und züchtet bestimmte Merkmale heran. So wurden die Hausschweine immer länger und magerer gezüchtet. Sie bekamen mehr Rippen angezüchtet, um mehr Koteletts zu erhalten. Japanische Züchter arbeiten seit Jahren am fast grätenlosen Speisekarpfen. So können auch Diskuszüchter durch Anwendung der Vererbungsregeln ihre Fische beeinflussen. Die Erbanlagen sind in den Chromosomen gespeichert.

Im Keimplasma sind alle Merkmale der Eltern vorhanden. Jedoch gibt es dominante Merkmale und rezessive Merkmale. Die dominanten Merkmale setzen sich durch und dominieren über die rezessiven Merkmale, die aber weiterhin gespeichert bleiben. Bei Fischen ist das von uns gewünschte Merkmal, wie zum Beispiel die kräftige Türkisfärbung, nicht dominant, denn in der Natur sind Fische ja wegen ihrer Auffälligkeit gegenüber Freßfeinden einfacher gefärbt.

Das Mendelsche Vererbungsgesetz auf einen einfachen Nenner gebracht sagt hierzu aus, daß ein Türkisdiskus mit einem grünen Wildfang gepaart Jungtiere mit beiden Erbanlagen hervorbringt, aber das „normale" Dominante der Wildform zeigen.

Einen Tag alte Diskusbrut. Die Larven wurden von den Eltern vom Laichkegel an eine Blattunterseite umgebettet.

Da die Jungtiere aber beide Erbanlagen besitzen, bringen deren Nachkommen zu 50 % mischerbige, zu 25 % reinerbige Türkis und zu 25 % reinerbige grüne Diskus hervor. 25 % der „Enkel" unseres ersten Zuchtpaares haben jetzt die reinen türkisen Erbanlagen, die restlichen 75 % sehen aus wie der erste grüne Wildfang. Mit den reinen Türkisdiskusfischen kann jetzt in der Inzucht dieses Farbmerkmal gefestig werden. Natürlich spielen Wasserqualität, Verhalten und Wohlbefinden der Fische eine Rolle was die Farbe angeht, doch wirkt sich dies nicht auf die Vererbung aus. Ebenso ist es unmöglich, daß

Bei genauer Betrachtung sind die Schleimhautabsonderungen auf der Haut des Elterntieres deutlich zu sehen.

Fische, die mit Farbfutter behandelt wurden, diese Farbe irgendwie vererben können. Auch Mißbildungen, Verletzungsnarben, Schäden am Auge durch falschen Transport, vererben sich natürlich nicht. Auch Wachstumsschäden zurückgebliebener Tiere sind in der Erbanlage nicht vorprogrammiert. Fehler, die durch Hälterung entstehen, sind für die Vererbung unbedenklich. In der Aquaristik-Literatur gibt es ausführliche wissenschaftliche Werke über die Vererbungslehre, die jedoch meist sehr schwer verständlich und nicht gerade leicht lesbar sind.

Viele Diskuszüchter, die schon längere Zeit Linien- oder Inzucht mit ihrem Diskusstamm betreiben, haben Probleme, daß die Tiere besonders in der Größe zurückgehen.

Bei der Linienzucht werden Tiere verwandter Diskuslinien miteinander verpaart. Gelingt es, Linien zu kreuzen, deren Vorfahren entfernte Verwandte ersten Grades waren, können wertvolle Merkmale beider Geschlechtslinien konserviert und gefestigt werden.

Inzucht birgt gewisse Gefahren in sich. Werden Fische aus zwei verschiedenen Inzuchtstämmen miteinander gekreuzt, die über mindestens sieben Generationen ingezüchtet wurden, ergibt dies große, schöne und sensationelle Diskusnachkommen. Leider werden aber diese Fische ihre angezüchteten Merkmale nicht an die Jungen weitergeben. Die Jungen fallen gegenüber den Eltern erheblich ab in der Qualität. Die Methode basiert auf dem luxurierenden Wachstum von Bastardformen – der Heterosis. Diese Heterosis bringt zwar große Diskus hervor, aber die Schönheit bleibt auf der Strecke.

Um gewisse Schönheitsmerkmale bei der Zucht zu festigen, ist es nötig mit zwei verwandten Stämmen zu beginnen, deren Kreuzungen sehr gute Ergebnisse bringen. Die Kinder aus diesen Kreuzungspaaren können dann über mehrere Generationen mit großem Erfolg ingezüchtet werden. Dies bedeutet für die Praxis, daß der Diskus A aus dem ersten Stamm mit dem Diskus B aus dem zweiten Stamm verpaart wird. Die Kinder aus dieser Paarung AB können untereinander ingezüchtet werden. Dies bedeutet, daß von den Kindern die Geschwister untereinander gekreuzt werden. Also Sohn von A und B mit seiner Schwester von A und B. Diese Inzuchtgenerationen bringen feste und befriedigende Ergebnisse. Wenn der Diskuszüchter diese Regeln befolg, hat er für viele Jahre einen schönen und kräftigen Diskusstamm in seiner Anlage. Die Tiere sehen sich sehr ähnlich und so wird es einfach sein, aus diesem gefestigten Stamm Diskusfische weiterzuverkaufen. Diese Hybridenzucht bringt sehr reine Stämme mit äußerst ähnlichen Fischen hervor. Das Ziel ernsthafter Züchter ist somit erreicht.

Ein großes Gelege herrlicher Kobaltflächentürkis-Diskusfische, dessen Eier leider wegen schlechter Wasserqualität verdarben. Auf den Eioberseiten ist bereits ein Schimmelbelag zu erkennen.

Technische Einrichtungen für Diskusanlagen

Die Aquaristikindustrie bietet eine Fülle technischer Gegenstände für den Einsatz im Aquarium. So wäre es leicht möglich, Tausende von Mark allein in Geräte zu investieren. Jeder ernsthafte Diskuszüchter wird seine Anlage nach den eigenen Bedürfnissen konzipieren. Es läßt sich kein Schema anbieten, in welches jede Diskusanlage gepreßt werden könnte.

Voraussetzung bei der Planung ist natürlich die Wasserqualität. Fragen nach der Entsalzung, Nitratentfernung usw. müssen geklärt werden.

Für die Zuchtpaare müssen Zuchtbecken aufgestellt werden. Wie groß diese Becken sein sollen, ist auch eine Frage des persönlichen Standpunktes und eine Platzfrage. Jack Wattley zum Beispiel züchtet seine Diskusfische in Aquarien mit weniger als 100 Litern Wasserinhalt. Als günstig anzusehen sind Blockaquarien von 50 cm Breite, 50 cm Höhe und 50 cm Tiefe. So stehen maximal 125 Liter Wasserinhalt zur Verfügung für jedes Paar. Diese Beckengröße wäre als Normalgröße anzusehen, wobei die Becken auch 60, 70 oder 80 cm breit sein könnten. Größere Bekken sind in der Wartung komplizierter und es ist auch schwieriger, Jungfische in zu großen Becken zu füttern. Je mehr Wasser in einem Zuchtbecken vorhanden ist, desto leichter verteilen sich auch Artemia-Nauplien, was wieder zur Folge haben kann, daß die Jungfische nicht alle Nauplien fressen. Nauplien, die so eingehen, verderben wieder das Wasser.

Ein weiteres Argument gegen zu große Zuchtbecken ist der höhere Energieverbrauch. Da Diskusfische Revierlaicher sind, also ein bestimmtes Revier zum Laichen abgrenzen, reichen Becken mit 125 Liter Inhalt völlig aus.

Diskuszuchtbecken sollten nicht zu tief am Boden aufgestellt werden. Ideal sind Regale mit 80 bis 100 cm Höhe, auf welche die Bekken gestellt werden. Da meist mehrere Zuchtbecken nebeneinander stehen, sollte zwischen die einzelnen Becken ein Sichtschutz angebracht werden. Gut zu verwenden sind Plakatkarton oder Korkplatten. Allerdings müssen die Becken soviel Zwischenraum haben, daß dieser Sichtschutz bei Bedarf entfernt werden kann. Laichen Diskusfische ab, benötigen sie Ruhe. Jetzt sollte der Sichtschutz vorhanden sein, damit die Diskusfische aus dem Nachbarbecken nicht gesehen werden können. Wäre dies nicht der Fall, käme es wahrscheinlich zu Scheinraufereien und die Möglichkeit bestünde, daß das besamende Männchen zu oft abgelenkt wäre und nicht mehr richtig besamen würde. Ein Großteil des Geleges würde verpilzen.

Da einige Diskuspaare auch gerne die eigenen Eier fressen, kann die herausgenommene Trennwand kleine Wunder bewirken. Sehen die pflegenden Fische im Nachbarbecken andere Diskus, wird ihr Trieb, die eigenen Eier zu schützen, möglicherweise verstärkt und das Eierfressen unterbleibt.

Andere Diskuspaare streiten sehr stark nach der Eiablage. Jeder will das Gelege pflegen. So kommt es immer wieder vor, daß die Paare getrennt werden müssen und ein Tier das Gelege alleine weiterbetreuen muß. Auch hier können sichtbare Nachbarfische dafür sorgen, daß sich die Eltern nicht streiten, denn sie müssen sich ja zuerst um die Rivalen im Nachbarbecken kümmern. So kann mit der Sichtblende zwischen den Bekken manches Experiment vollführt werden.

Die Zuchtbecken sollten alle für sich alleine betrieben werden. Hat jedes Becken eine eigene Filterung, besteht auch nicht die

Der Autor vor einem seiner Zuchtbecken. Dieses Flächentürkis-Weibchen frißt aus der Hand und ist völlig zutraulich.

Gefahr der Krankheitsübertragung. Befinden sich Eier in einem Zuchtbecken innerhalb einer geschlossenen Anlage, so leiden diese Eier zum Beispiel auch unter einem Wasserwechsel im Nachbarbecken. Ideal sind Schaumstoffpatronenfilter in Zuchtbecken. In diese Schaumstoffpatronen können keine Jungfische, beziehungsweise Larven eingezogen werden. Sind die Diskusjungen allerdings etwas größer geworden und nicht mehr so auf die Eltern fixiert, sollen zwischen Schaumstoff und Aquarienwand einige Zentimeter Platz bleiben, da sich sonst Jungfische verklemmen können.

Bei regelmäßigem Wasserwechsel reichen diese einfachen Filtersysteme aus. Sie werden mit Luft betrieben, wobei der Kauf einer starken Luftpumpe zu empfehlen ist, denn die Anlage wird eher größer als kleiner.

Für die Hälterung von Diskusfischen gibt es eine Reihe verschiedener Filtermethoden. Bewährt haben sich große Außenfilter. Viele Diskusliebhaber haben in ihren Kellerräumen ganze Batterien von Diskusbecken an einen großen Außenfilter geschlossen. Die Filterbecken für solche Anlagen werden mit Kreiselpumpen betrieben, die direkt in die Klarwasserkammer des Filterbeckens gehängt werden. Von dort wird das Wasser in einen Rohrkreislauf eingepumpt, und jedes Becken erhält seine Wassermenge über einen Dosierhahn. Durch Überdruck wird so im Becken über ein langes Überlaufrohr das Schmutzwasser aus dem Becken in den Filter geleitet.

Genaue Anleitungen sind in dem Buch „Erfolg mit Diskusfischen" nachzulesen. Größere Einzelbecken, die zur Aufzucht von Jungbruten oder zur Hälterung mehrerer Alttiere gedacht sind, können mit schnell filternden Innenfiltern betrieben werden. Jedoch setzten sich auch hier Außenfilter durch. Schnelle Kreiselpumpen filtern aus der Klarwasserkammer das geklärte Wasser direkt ins Becken. Über einfache Überlaufrohre gelangt Schmutzwasser aus dem Becken in das Filterbecken. Kleinere Außenfilter sollten ein großes Filterbecken und eine kleinere Klarwasserkammer haben. In die Filterkammer können von unten nach oben Filterwatte, Aquarienkies, Nitratanionenaustauscherharze und zwei Schichten Schaumstoff eingeschichtet sein. Solche Filterkammern können mehrere Monate problemlos betrieben werden. Nach dem Regenerieren der Austauscherharze und einer Grobwäsche der Watte und des Kieses sind sie sofort wieder einsetzbar. Die Schaumstoffmatten dienen der Grobfilterung und werden wöchentlich ausgespült.

Als Faustregel für die Mindestgröße dieser Filter kann von 10 Prozent des Beckeninhaltes ausgegangen werden.

Da in einer Diskusanlage keine Wasserpflanzen zur Reinigung und Stabilisierung des Wassers vorhanden sind, muß der Aquarianer der Überwachung des Wassers große Bedeutung beimessen. Hierzu gehören bei einer Diskuszuchtanlage unbedingt ein guter Leitwertmesser und ein pH-Meßgerät. Gerade der pH-Wert muß regelmäßig kontrolliert werden, denn sehr weiches Aquarienwasser ist sehr instabil und kann schnell umkippen. Weiches Wasser neigt dazu, in basische Bereiche um 7,5 bis 8,0 pH anzusteigen. Gerade bei starker Wasserbewegung durch Filter oder Ausströmer wird viel gebundenes CO_2 – Kohlendioxid – frei und entweicht dem Wasser. So steigt der pH-Wert aus dem sauren in den basischen Bereich. Bei der Zucht ist dies nicht so günstig.

Da weiches Wasser und hohe Wassertemperaturen zwei Faktoren sind, die sich negativ auf die Beschaffenheit des Wassers auswirken können, ist es gut, wenn noch ein Kontrollmedium eingeschaltet werden kann. Gedacht ist hier an Ozon- oder UV-Bestrahlung. UV-Bestrahlungsröhren können direkt in den Filterkreislauf eingeschaltet werden. Eine UV-Röhre hat eine Lebensdauer von etwa 7500 Brennstunden im Dauereinsatz. Dies bedeutet auch, daß diese Röhre nach spätestens dreihundert Tagen auszutauschen ist, da ihre Leistung nicht mehr ausreichend ist. Die Aufgabe des UV-Lichtes ist es, Keime im Wasser, die in unmittelbare Nähe des Lichtes kommen, abzutöten.

Auch Ozon hat eine keimtötende Wirkung. Krankheiten, wie Ichthyo, können erfolgreich durch Ozonisierung bekämpft werden.

Während der Ozonisierung dürfen keine Medikamente eingesetzt werden. Außerdem zerstört Ozon den Nährschleim der Diskusfische. Deshalb darf nur ozonisiert werden, bis die Diskusfische beginnen, Nährschleim für die Jungbrut anzusetzen. Dies bedeutet, daß spätestens am zweiten Tag nach der Eiablage die Ozonisierung einzustellen ist.

Wichtig für gesunde Diskusfische ist aber immer noch der Teilwasserwechsel. Da Diskusfische in Becken ohne Bodengrund gezüchtet und auch meist gehältert werden, müssen deren Beckenböden regelmäßig abgesaugt werden. Diskusfische produzieren große Kotmengen, da es sich ja um große Fische handelt. Hier empfiehlt es sich, einfach täglich oder jeden zweiten Tag einen Eimer voll Beckenwasser mit dem Schmutz abzusaugen. So wird zum einen der Schmutz entfernt und zum anderen stets für gutes Wasser gesorgt.

Ein wichtiges elektrisches Gerät für die Diskusanlage ist der Regelheizer. Die geregelten Glasstabheizer sind heute die verbreitetsten Heizgeräte für Aquarien. Wie sind diese Heizquellen zu dimensionieren? Das hängt logischerweise vom Standpunkt des Aquariums ab. Ist der Raum beheizt oder nicht? Früher wurden für beheizte Räume 1 Watt pro Liter Wasser empfohlen. Diese Angabe ist überholt. Für Diskusbecken müssen ein halbes Watt Heizleistung je Liter Wasser gerechnet werden.

In beheizten Räumen muß diese Heizkapazität ausreichen, um Temperaturen von 30° C zu erzeugen. Es ist besser, die Diskusanlage in einem beheizbaren Raum unterzubringen, denn mit einer Raumheizung beheizte Räume sorgen für ein gutes Raumklima. Durch die hohe Wasserverdunstung besteht nämlich die Gefahr, daß sich Kondenswas-

Auch Diskusjungfische fühlen sich in voll eingerichteten Pflanzenbecken sehr wohl. Die Wasserqualität muß ständig überwacht werden, um einen Krankheitsausbruch zu vermeiden.

ser bildet, das in die Mauer eindringt. Beheizte Räume werfen dieses Problem nicht auf. Außerdem ist es auch kostengünstiger, den Raum zusätzlich zu beheizen. Falls dies nicht geschieht, muß ja der kühle Raum mit den Aquarienheizern geheizt werden. Züchter mit sehr großen Anlagen haben dem Rechnung getragen und arbeiten sogar ausschließlich mit Raumheizung. Neben den Stabheizern gibt es noch Heizmatten und Heizkabel, die jedoch für unsere Zwecke weniger geeignet erscheinen. Elektronische Heiztemperaturfühler und Elektronikregler stellen eine Bereicherung für Sicherheit und Komfort dar. Diese Regler arbeiten sehr genau und sind sehr langlebig.

Natürlich müssen Diskusbecken auch beleuchtet werden. In der Aquaristik gibt es neben den klassischen Leuchtstoffröhren heute auch Quecksilberdampflampen und Halogenstrahler. Für Hälterungs- und Zuchtanlagen kommen aber nur die erstgenannten Leuchtstoffröhren in Frage. Da Pflanzen nicht vorhanden sind, muß die Lichtintensität nicht überdurchschnittlich hoch sein. In der Regel genügt eine Leuchtstoffröhre über jedem Becken. Welchen Farbton der Aquarianer benutzt, ist etwas abhängig vom jeweiligen Geschmack. In Frage kommen neben den warmweißen Neonröhren, die Typen mit Naturlicht und Grolux. Der warme Farbton der Grolux-Röhre ist bei Diskusfreunden sehr beliebt.

Die Neonröhre ist etwa 20 bis 30 cm über dem Wasserspiegel anzubringen, so daß sie beim Hantieren nicht stört. Die Lichtausbeute kann gesteigert werden durch eine Innenverspiegelung der Lampenhalterung.

Wasseraufbereitung

Der „Normalaquarianer" hat Glück, denn er muß sich in der Süßwasseraquaristik nur wenige Gedanken über die Wasseraufbereitung machen. Der Diskusliebhaber und Züchter dagegen hat immer mit der Wasseraufbereitung zu tun.

Da ist zum einen der pH-Wert des Wassers regelmäßig zu kontrollieren, denn weiches Wasser ist sehr instabil. Der gemessene pH-Wert sagt aus, wie die Wasserstoff-Ionen-Zusammensetzung aussieht. Die pH-Wert-Skala reicht von pH 0,0 bis pH 14,0. Wasser mit einem pH-Wert von 7,0 ist neutral. Sinkt der pH-Wert ab, ist das Wasser leicht „sauer", steigt er dagegen an, wird das Wasser leicht „basisch oder laugig". Diskusfische fühlen sich in einem Wasser mit pH-Werten zwischen 6,0 und 7,0 am wohlsten. Zur Zucht sollte der pH-Wert eher bei Werten um 6,0 liegen, da dies einer Verpilzung des Geleges entgegenwirkt.

Am einfachsten ist der pH-Wert durch den Einsatz von Austauscherharzen oder durch Aquarientorfzugabe zu regulieren.

Da der pH-Wert für die Freßlust, die Fortpflanzungswilligkeit und das Wohlbefinden der Diskusfische wichtig ist, muß er regelmäßig überprüft werden.

Die Anschaffung eines Meßgerätes lohnt sich sicher. Die Elektrode des Meßgerätes wird in das Aquarienwasser eingetaucht. Die Elektrode erzeugt eine elektrische Spannung, welche durch den Meßverstärker auf dem Gerät angezeigt wird. Innerhalb von Sekunden ist eine genaue Messung möglich.

Bei Dauermessungen kann die Elektrode ständig im Aquarienwasser eingetaucht bleiben. So diffundiert die Meßflüssigkeit im Glasbehälter nicht so rasch. Mit einem Sauger befestigt, ergibt sich die Möglichkeit der schnellen Messung.

Zum zweiten ist da noch der Leitwert des Aquarienwassers. In jedem Wasser befinden sich gelöste Stoffe, besonders Salze. Diese Salzionen leiten den Strom. Je höher die Ionenkonzentration im Wasser ist, desto besser leitet es. Salzreiches Meerwasser hat einen sehr hohen Leitwert und eine gute Leitfähigkeit.

In den Heimatgewässern der Diskusfische ist der Leitwert sehr niedrig. Er liegt meist unter 50 Mikrosiemens. Dies bedeutet eine Wasserhärte von etwa 1° deutscher Härte. Also ist auch so gut wie keine Karbonathärte im Wasser. Diese Faktoren sind logischerweise auch bei der Zucht zu berücksichtigen. Das Zuchtwasser muß diskusgerecht gemacht werden. Dies bedeutet in vielen Fällen eine Entsalzung. So kann der osmotische Druck des Salzes auf das Diskusei herabgesetzt werden. Bei hohem Druck werden die Diskuseier sonst zerstört und verpilzen. Dieses Zerstören ist meist für das menschliche Auge unsichtbar. Die Eier bleiben klar, aber es entwickeln sich keine Larven. Der Innendruck des Eies hat die Weiterentwicklung unmöglich gemacht. Der Aquarianer freut sich, weil er die klaren Eier sieht, aber auch am zweiten Tag haben sich die Eier nicht weiterentwickelt.

Das Zuchtwasser sollte auf jeden Fall unter dem Leitwert von 300 μS liegen, wobei die Karbonathärte den geringeren Teil der Wasserhärte ausmachen sollte. Da viele Aquarianer in Deutschland ein sehr hartes Leitungswasser zur Verfügung haben, müssen sie dieses zur Zucht ungeeignete Wasser enthärten, beziehungsweise entsalzen. Dazu stehen von der Industrie gefertigte Ionenaustauscherharze zur Verfügung. Es handelt sich um Kunstharzkügelchen mit einem Durchmesser von 0,3 bis 1,2 mm. Die Indu-

Diese zwei Wochen alten Jungfische sind noch stark an die Elterntiere gebunden. Sie verlassen nur zur weiteren Futtersuche die Alttiere.

Ein Prachtexemplar von kobaltblauem Streifentürkis, dessen Farbe hier natürlich wiedergegeben wird.

strie verwendet diese Austauscherharze schon lange zur Wasseraufbereitung. An diese Kunstharzkugeln sind, chemisch gesehen, große Mengen von Kationen oder Anionen gebunden. Durch den Ionenaustausch mit den im Wasser gelösten Salzen wird die Wasserqualität in bestimmte Bahnen gelenkt. Auch können die gelösten Salze ganz aus dem Wasser entfernt werden. Diese Vorgänge werden als Entkarbonisierung, Enthärtung oder Entsalzung bezeichnet.

Die Enthärtung ist für Diskuszüchter besonders wichtig, denn das zu harte Leitungswasser kann so fischgerecht aufbereitet werden. Durch Kationenaustauscher wird das enthaltene Carbonat – Kalkhärte – entfernt. Calcium und Magnesium werden dem Wasser entzogen und durch Natrium ersetzt. Diese Enthärtungsfilter laufen sehr langsam. Spezielle Entsalzungsfiltersäulen sind im Handel. Sie können entweder direkt in die Filteranlage integriert oder als Bypass verwendet werden. Beim Bypass-System werden Teile des Filterwassers über ein Schlauchsystem durch die Harze geleitet. Von dort fließt das behandelte Wasser wieder zurück in die Filterkammer.

Enthärtungharze werden problemlos und ungefährlich mit Kochsalz regeneriert. Genaue harzspezifische Anleitungen liegen den Verkaufspackungen bei. Durch das aus der Karbonathärte entstehende Natriumhydrogencarbonat wird das Wasser leider alkalisch. Der pH-Wert bewegt sich zwischen pH 8,0 und 9,0. Diese Werte sind natürlich für Diskusfische unerwünscht. Dieses Wasser muß mit Säure wieder in günstigere pH-Wertbereiche gepuffert werden.

Auch bei der Entkarbonisierung, bei der nur die Karbonathärte entfernt wird, muß der pH-Wert genau überwacht werden. Relativ einfach kann die Karbonathärte im Einfilterverfahren außerhalb des Aquariums entfernt werden. Die Regenerierung des Harzes erfolgt mit verdünnter Salzsäure. Selbstverständlich ist hier entsprechende Vorsicht am Platze, besonders was das Auswaschen der Harze nach der Regenerierung angeht. Zu leicht könnte es bei leichtfertiger Anwendung zu einem pH-Wert-Sturz im Becken kommen, und die Fische würden eingehen.

Eine weitere Möglichkeit ist das Entsalzen des Wassers. Durch ein Zwei-Filter-Verfahren oder ein Mischbett, außerhalb des Bekkens, kann nahezu destilliertes Wasser hergestellt werden. Das Zwei-Filter-Verfahren ist in der Handhabung einfacher und unkomplizierter. Im ersten Filter läuft das Wasser über einen mit Säure regenerierten Kationenaustauscher. Im zweiten Filter durchfließt es einen Anionenaustauscher. Das so gewonnene Wasser muß mit anderem entsalztem Wasser oder Leitungswasser eingestellt werden. Ausschließlich vollentsalztes Wasser zu verwenden käme dem Versuch gleich, Diskusfische in destilliertem Wasser zu halten. Viele Aquarianer müssen ihr Leitungswasser entsalzen und haben dann zu salzarmes Wasser, denn bei diesem Verfahren werden leider auch wichtige Salze entfernt. So empfiehlt sich die Zugabe von Mineralstoff- und Vitaminkonzentrationen, die im Handel erhältlich sind. Ebenso sollten Huminstoffe des Aquarientorfes zugesetzt werden. Erst so wird dieses Wasser wieder „lebendig", ohne daß es die schädlichen Salze enthält.

Selbstverständlich muß dieses entsalzte und wieder aufbereitete Wasser auf den günstigen pH-Wert kontrolliert und gegebenenfalls mit Säuren oder Natronlauge eingestellt werden.

Bei den drei bisher beschriebenen Wasseraufbereitungsmethoden handelte es sich um eine externe Aufbereitung. Für die Erhaltung der Wasserqualität im Becken gibt es interne Wasseraufbereitungsmethoden.

Ein Ionenaustauscherharz, konditioniert mit Natriumhydrogencarbonat, sorgt für die Einhaltung des pH-Wertes. So wird die Karbonathärte sehr niedrig gehalten, und der pH-Wert pendelt sich zwischen pH 5,7 und 7,0 ein.

Für Diskusliebhaber ist dagegen die Entfernung der Stoffwechselprodukte, verbunden mit einer Entfernung des Nitratgehaltes, von großer Wichtigkeit. Da in unseren Hälterungsanlagen keine Nitrat verzehrenden Wasserpflanzen in großer Menge vorhanden sind, muß das schädliche Nitrat entweder durch häufigeren Teilwasserwechsel oder durch Nitratfilterung entfernt werden. Bewährt hat sich hierfür der Anionenaustauscher in der Chlorid-Form, der wie Filterkohle eingesetzt werden kann. Dies bedeutet, daß in Außenfiltern oder Topffiltern dieses Harz als Nachfiltermaterial verwendet wird. Als Vorfilter kann Watte, Kies oder ähnliches Material verwendet werden. Auf 100 Liter Beckeninhalt sollte jeweils ein Liter Austauscherharz verwendet werden, damit eine Standzeit des Filters, bei normaler Fischbesetzung, von drei bis sechs Monaten erreicht werden kann. Danach wird das Harz mit Kochsalzlösung neu aktiviert. Ein sehr einfacher und ungefährlicher Vorgang.

Dieser Anionenaustauscher bindet Hydrogencarbonat und setzt somit die Karbonathärte auch etwas herunter. Dazu kommt eine Pufferung des pH-Wertes in Bereiche zwischen pH 5,7 und 7,0, was für Diskusfische ideal ist. Über Monate läßt sich mit diesem Harz der Nitratgehalt praktisch auf Null halten. Dies wirkt sich besonders auf positives Wachstum der Jungfische aus.

Da in Diskusbecken die wertvollen Huminsäuren, z. B. aus dem Aquarientorf, erhalten bleiben sollen, muß beim Einsatz dieses Harzes darauf geachtet werden, daß nur die Lieferform gekauft wird, die Huminstoffe im Wasser beläßt. Es ist auch eine, für Diskusfische unbrauchbare, Lieferform im Handel, die Huminstoffe restlos entfernt.

Durch den Einsatz dieser Austauscherharze kann die Hälterung und Zucht des Diskusfisches vereinfacht werden. Voraussetzung ist jedoch, daß sich der Pfleger mit diesen Systemen vertraut macht.

Gerade der Nitratentfernung im Diskuszuchtwasser kommt große Bedeutung bei, denn erfolgreiche Züchter schwören auf Nitrathöchstwerte von 0,15 mg je Liter Wasser.

Bei diesem Türkispaar ist das etwas kleinere Weibchen schon fast flächig. Die Erbanlagen der Tiere waren so hervorragend, daß alle Nachkommen diese Farbintensität aufwiesen.

Vorbereitungen zur Zucht

Voraussetzung für eine erfolgreiche Diskuszucht ist der Besitz von geeigneten Zuchttieren. Der Diskusliebhaber, der Zeit hatte, konnte aus den aufgezogenen Jungfischen seine ersten Paare zusammenstellen. Der andere Liebhaber mußte große Diskusfische kaufen, um züchten zu können.

Wichtig für die Zusammenstellung der Paare ist das Wissen über deren Geschlecht. Da ja rein äußerlich keine sicheren Geschlechtsbestimmungsmerkmale vorhanden sind, kann man sich nur auf Vermutungen stützen. Im Laufe der Jahre bekommt der Züchter aber schon ein sicheres Auge, um seine Tiere bestimmen zu können und auch bei anderen Züchtern die für ihn richtigen Fische einzukaufen.

Welche Merkmale können zu einer Geschlechtsbestimmung zu Hilfe genommen werden? Da ist zunächst einmal das gesamte Erscheinungsbild des Fisches. Bei gleichaltrigen Tieren sind die Männchen meist bulliger und etwas größer. Besonders von vorne gesehen haben die Männer breitere, nach außen kräftig gerundete Schädel. Die Rükkenflosse ist bei männlichen Tieren meist spitzer ausgezogen und zeigt leicht im Bogen nach oben. Weibchen haben etwas rundere Rückenflossenenden. Die Schwanzflosse der Diskusmänner kann insgesamt etwas breiter erscheinen, als die der Weibchen.

Die beiden Ständer können beim Männchen länger und breiter ausgebildet sein, jedoch ist dieses Merkmal vorsichtig zu bewerten.

Bullige Schädel, wulstige Lippen, deutliche Kehlsäcke werden gerne den Männchen zugeschrieben, doch können große Weibchen selbstverständlich auch diese Merkmale aufweisen. Das Verhalten in den Bekken läßt manchmal auch Rückschlüsse zu. Der Herdenführer kann aber sowohl ein Mann, als auch ein Weib sein. In der Regel bestimmt bei zwei Tieren, die zusammen in einem Becken gehalten werden, der Mann den Ton. Ein Maulzerren unterbleibt bei einem Paar weitgehend. Das Männchen stößt das Weibchen leicht in die Seite. Er schwimmt sie schnell an, dreht dann aber ab. Das Weibchen zeigt seine dunklen Streifen meist deutlich. Vertragen sich die Tiere, und läßt das vermeintliche Männchen seine Partnerin unbekümmert mitfressen, dann handelt es sich um ein Paar. Steht das eine Tier bei der Futtergabe dagegen verschreckt in einer Ecke des Aquariums, dann handelt es sich um zwei Fische gleichen Geschlechtes.

Sehr bewährt hat sich die Methode, zwei Tiere, die als vermutliches Paar gelten, in ein Becken zusammenzusetzen. Nach einigen Tagen dürfte es über die Geschlechter kaum mehr Fragen geben. Streiten die Tiere sehr stark, sind sie wieder zu trennen. Bei der Bildung neuer Paare sollten die Männer immer zu den Weibchen ins Becken gesetzt werden. Denn so muß sich der umgesetzte Diskusbock erst eingewöhnen und kann sich nicht gleich auf das körperlich unterlegene Weibchen stürzen. Werden Diskusweibchen dagegen zu Böcken ins Aquarium gesetzt, werden sie schnell stürmisch umworben und verkriechen sich einige Tage in Ecken und an der Wasseroberfläche.

Haben sich so zwei zueinander passende Diskusfische gefunden, darf auch auf eine erfolgreiche Nachzucht gehofft werden.

Neben den optimalen Zuchttieren müssen natürlich auch die technischen Einrichtungen sowie die Wasserqualität auf die Zucht abgestimmt sein. Neben der erwähnten Wasseraufbereitung sollte Diskuszuchtwasser mit

Noch versucht das Elterntier die Larven im Schwarm zusammenzuhalten. Sehr schnell werden jetzt die Jungen völlig freischwimmen und dann das Hautsekret fressen.

Torfextrakten angereichert werden. Zu diesem Zweck kann Aquarientorf in einem separaten Becken oder einer Plastiktonne mit Wasser vermischt werden. Mit einem Durchlüfterstein durchgewirbelt, gibt so der Torf an das Wasser Huminstoffe und Säuren ab. Nach einigen Tagen kann von diesem Altwasser ein Teil in das Zuchtbecken geleitet werden. Die Fische werden auf die leichte pH-Wert-Veränderung und die neue Wasserzusammensetzung meist positiv reagieren und möglicherweise zu einem Laichakt angeregt. Gerade in der Natur kommt dieses Phänomen vor, wenn neues Wasser während der Regenperiode dazukommt. Der Torf kann in Gazebeuteln oder Nylonstrümpfen eingebunden werden, damit er sich nicht im Sammelbehälter verteilt. Eine weitere Möglichkeit wäre, das Belüftungssystem einige Stunden abzustellen, damit sich der Torfmulm am Boden des Gefäßes absetzen kann.

Als Laichsubstrat für das Gelege haben sich die Tonvasen bestens bewährt. Jedoch laichen Diskusfische auch auf anderen Gegenständen ab. Das Laichsubstrat sollte keine zu glatte Oberfläche haben, deshalb haben sich Tontöpfe auch sehr bewährt. Auch normale Blumentöpfe aus Ton können Verwendung finden, jedoch ist das Loch im Topf zuzukleben, da sonst Jungtiere hineinschwimmen könnten. Außerdem würde sich hier Mulm ansammeln, der das Wasser belastet.

Der richtige Standort der Zuchtbecken ist auch ein Kriterium für den Züchter. Diskusfische lieben beim Laichen die Ruhe. Meist stehen Diskuszuchtanlagen in Kellerräumen. Da hier nur wenige Störungen für die Fische vorkommen, meist nur der Besitzer einige Male in den Raum kommt, reagieren die Fische mit Schreckhaftigkeit und Fluchtversuchen, wenn plötzlich zu viel Trubel und Unruhe in diesem Raum ist. Es ist erwiesen, daß sich Fische an Lärm, Unruhe und Bewegung vor den Becken gewöhnen. Je mehr Unruhe regelmäßig stattfindet, umso weniger scheu sind die Fische. An Badestränden mit vielen Badegästen schwimmen die Fische munter zwischen den Badegästen hindurch, ohne an Flucht zu denken. Tiere in Zoos oder Wildgehegen sind nicht menschenscheu, da sie den Umgang mit Menschen gewohnt sind. So ist es auch bei den Fischen zu sehen. Verstärkt wird die Schreckhaftigkeit der Fische, wenn die Becken zu tief am Boden stehen. Diskusfische, die gesund sind, müssen neugierig zur Scheibe schwimmen, wenn ein Besucher vor dem Aquarium steht. Ja sogar die Futteraufnahme aus der Hand muß möglich sein. Der Diskus gewöhnt sich an Menschen und weiß genau Bescheid, wenn es Zeit zur Fütterung ist, und dann kommt er herangeschwommen. So macht es auch Spaß, Diskusfische zu pflegen.

Harmonie und Eintracht des Zuchtpaares ist Voraussetzung für eine erfolgreiche Zucht. Besonders beim Füttern der Fische merkt der Züchter, ob sich seine Fische gut vertragen. Streiten sie stark um das Futter oder läßt der Bock sein Weibchen nicht fressen, ist es um die Harmonie schlecht bestellt.

Je nach Lichteinfall zeigen diese Türkisdiskus mehr oder weniger rote Färbung in der Querstreifung.

Moderne Diskusanlage für Hälterung und Verkauf.

Erfolge in der Diskuszucht

Die erfolgreiche Zucht von Diskusfischen ist für viele Süßwasseraquarianer das erklärte Ziel. Ein lohnenswertes Ziel, wenn bei der Auswahl der Zuchttiere in diesem Buch verbreitete Grundsätze eingehalten werden. Die interessante Brutpflege der Diskusfische, die ja lange nicht erkannt wurde, entschädigt für viele Mühen. Gibt es etwas Schöneres in der Aquaristik als die aufopfernde Brutpflege zweier harmonischer Elterntiere? Sie kümmern sich um das Gelege, befächeln es unermüdlich, um später die Larven liebevoll aus den Eiern zu kauen und umzubetten. Nach dem Freischwimmen der Jungen achten sie darauf, daß keines verlorengeht. Immer wieder schwimmen sie den kleinen Larven nach, um sie wieder einzusammeln. Schwimmen die Larven endlich frei, bieten die Elterntiere ihr Hautsekret an und lassen sich unermüdlich abweiden von gierigen Jungfischmäulern. So kümmern sich die Alttiere wochenlang um ihre Jungen, bis diese selbständig geworden sind. Diese Wochen dürften die schönsten sein für den Besitzer, der immer wieder vor sein Aquarium eilt, um seine Prachtfische zu sehen.

Doch bis es soweit ist, müssen die Fische erst einmal mit dem Ablaichen beginnen. Hat sich ein Diskuspaar gefunden, wird es sicher auch einmal ablaichen. Die Fische können hierbei ihren Besitzer auf eine harte Geduldsprobe stellen. Oft kann es Wochen oder Monate dauern, bis harmonierende Fische auch ablaichen. Geschlechtsreif sind die Tiere bereits mit einem knappen Jahr, gute Laichergebnisse erzielen Diskusfische in einem Alter von ein bis drei Jahren.

Diskusfischen wird nachgesagt, daß sie bei aufkommender Tiefdruckwetterlage mit dem Ablaichen beginnen. Jedoch darf diese These nicht als allein gültige angesehen werden. Die Weibchen können während einer Laichphase mehrere Wochen hintereinander wöchentlich ein Gelege produzieren. Bis zu 20 Gelege können so innerhalb eines halben Jahres von Diskusweibchen abgesetzt werden. Im Normalfall versorgt das Weibchen ja seine Brut und laicht dann erst wieder ab, wenn die Jungfische aus dem Becken genommen wurden. Bei notorischen Eierfressern aber ist dieses ständige Eierlegen beobachtet worden. Zwischen den Laichphasen legen die Tiere Ruhepausen von mehreren Monaten ein. So kann es vorkommen, daß gute Paare plötzlich Monate keine Anstalten mehr zum Ablaichen machen, dann plötzlich wieder beginnen. Wollen Diskusfische ablaichen, ist dies zuerst an der Farbveränderung zu erkennen. Besonders in der hinteren Körperhälfte werden die Tiere dunkler. Die letzten vier Streifen werden sichtbar, und die Schwanzflosse sieht rußig aus. Die Tiere beginnen auch am ganzen Körper dunkler zu werden, was ein baldiges Ablaichen erwarten läßt.

Die Fische stehen ruhig an der Laichvase. Ab und zu geht ein Rütteln durch den Körper. Besonders in der Kopfpartie ist dieses Rütteln zu sehen. Die Fische zittern mit den Flossen und schwimmen sich gegensietig an. Auch ein Zunicken kann festgestellt werden.

Mehrmals schwimmt das Weibchen jetzt zu der Tonvase und scheint abzulaichen. Doch noch ist es nicht soweit. Immer wieder wird von den beiden Partnern das Laichsubstrat geputzt. Die Fische saugen Schmutz von der Laichvase ab, indem sie kräftig zustoßen. Dieses Putzen ist ein sicheres Zeichen für ein baldiges Ablaichen.

Beim Weibchen wird jetzt auch die Legeröhre sichtbar. Diese breite Legeröhre steht etwa drei bis vier Millimeter aus dem Körper

Diskusweibchen bei der Eiablage. Deutlich ist die ausgeprägte Legeröhre zu erkennen. Nebenan steht das Männchen zum Befruchten der Eier bereit.

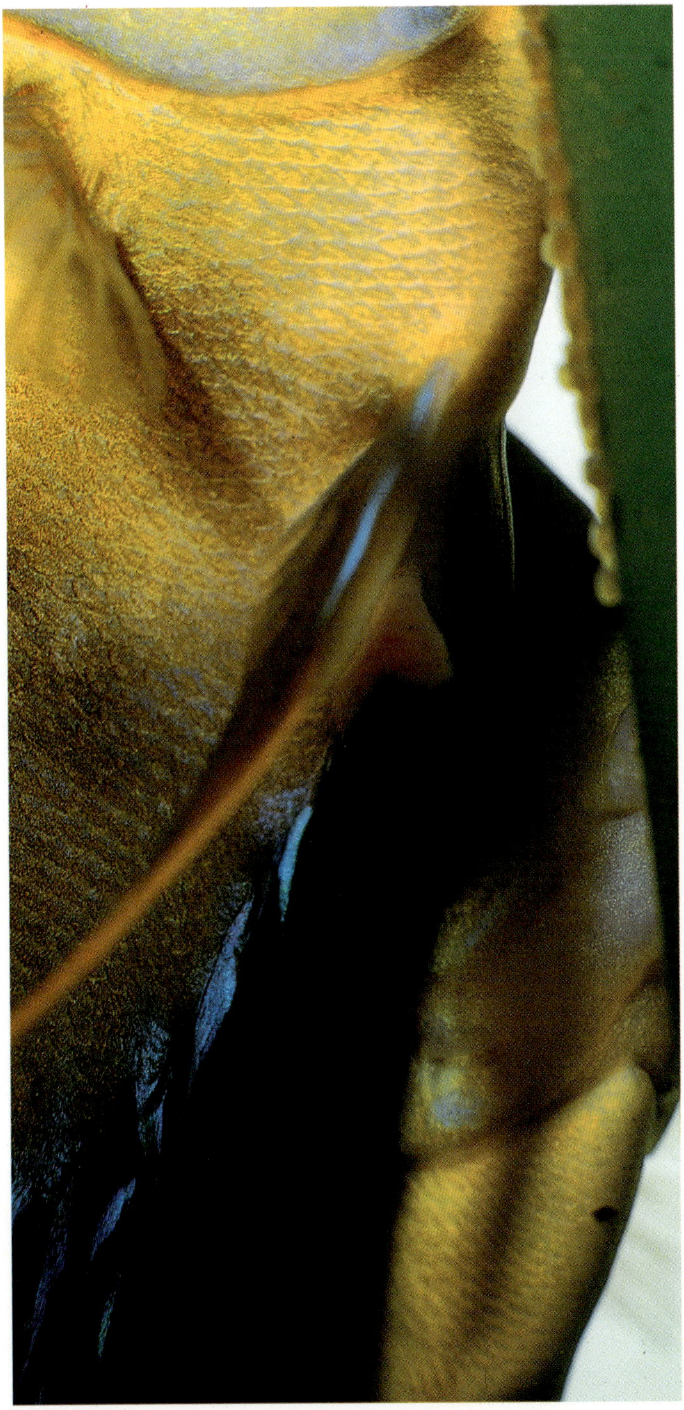

heraus. Das Begattungsorgan des Männchens ist kürzer und spitz zulaufend.

Immer wieder beginnt das Weibchen mit dem Probelaichen. Das Männchen muß jetzt interessiert bereitstehen. Deshalb sollten auch die Sichtblenden zu anderen Aquarien vorhanden sein, damit die Tiere nicht abgelenkt werden. Selbstverständlich darf jetzt auch nicht plötzlich das Licht durch die automatische Beleuchtungsanlage gelöscht werden. Sonst würde der Laichakt unterbrochen.

Nach den Laichvorbereitungen, die einen ganzen Tag dauern können, beginnt das eigentliche Ablaichen. Diskusfische laichen bevorzugt in den Abendstunden ab. Das Weibchen schwimmt von unten den Laichkegel an und legt auf dem Weg nach oben ein Ei neben das andere. In Reihen zu durchschnittlich zehn bis zwanzig Eiern legt das Weibchen unermüdlich ab. Durchschnittsgelege zählen 200 Eier, gute Gelege etwa 300 Eier und Spitzengelege 400 bis 500 Eier.

Nach jeder erfolgten Eiablage macht das Weibchen dem Männchen Platz, damit dieses die Eier sofort befruchten kann. Jetzt darf im Zuchtbecken keine zu schnelle Strömung herrschen. Die Filteranlage ist zu drosseln.

Ein Ablaichvorgang dauert etwa eine Stunde. Hierbei können die Tiere beobachtet werden. Störungen sind zu vermeiden. Jetzt kann auch eine absolut sichere Geschlechtsbestimmung gemacht werden, denn ab und zu könnten auch vermeintliche Weibchen sich als Männchen entpuppen. Wichtig ist auch, zu sehen, ob sich die Tiere gut vertragen. Je besser sich ein Diskuspaar verträgt, desto bessere Überlebungschancen haben die Jungtiere. Können die Jungen ständig zwischem dem Hautsekret der beiden Alttiere wählen, haben sie immer volle Bäuche und wachsen in den ersten Tagen schneller.

Diskuslarven unmittelbar nach dem Freischwimmen. Die zuchtentscheidenden ersten Tage, denn jetzt fressen die Larven nur Hautsekret.

Nach der Eiablage stehen die Alttiere vor dem Gelege und befächeln mit den Brustflossen die Eier. Harmonierende Partner wechseln sich dabei regelmäßig ab. Kommt es jetzt schon zu Raufereien unter den Eltern, kann es kritisch werden. Werden die Raufereien stärker, fressen die Eltern gerne als Folge die Eier. Auch das Herausnehmen eines Tieres hilft da nicht immer. Prompt macht sich das zurückbelassene Tier alleine über die Eier her. Doch auch Einzeltiere können gut die Jungen großziehen.

Immer wieder kommt es auch vor, daß Diskusfische die geschlüpften Larven fressen.

Eine Lösung kann es auch hier sein, einen Fisch aus dem Aufzuchtbecken zu entfernen. Auch die Kuckucksbrutpflege wäre eine Möglichkeit, wenn die Voraussetzungen dafür da sind. Hat ein anderes Diskuspaar etwa zur gleichen Zeit Junge, dann kann man die Jungen aus dem Becken der streitsüchtigen Eltern abziehen und in den Schwarm der anderen Jungfische blasen. Die „neuen" Eltern merken dies in der Regel nicht und nehmen diese zusätzlichen Jungen gut an. Nach diesem Verfahren kann man auch die Eier von eierfressenden Eltern wegnehmen, künstlich ausbrüten lassen und dann die Jungbrut zu dem anderen pflegenden Paar einschmuggeln. So lassen sich wertvolle Junge von schlecht pflegenden Eltern natürlich großziehen.

Doch kommen wir zurück zur Eiablage im Zuchtbecken. Die Eier brauchen zur Entwicklung etwa 60 Stunden bei einer Temperatur um 30° C. Am zweiten Tag lassen sich bereits dunkle Kerne im Innern der Eier mit bloßem Auge erkennen. Nach etwa 48 Stunden sind bereits kleine Augen zu sehen.

Ein Stimmungsbild einer sehr gut pflegenden Diskusmutter. Der Diskusmann mußte aus dem Zuchtbecken entfernt werden, da er unverträglich wurde. Das Weibchen zog die zahlreiche Brut völlig alleine auf. Unstimmigkeiten zwischen den Elterntieren gefährden so eine ganze wertvolle Brut.

Kopfstudie eines markanten Türkisdiskusweibchens. Ein kräftiges rotes Auge als faszinierender Farbkontrast zum kräftigen Türkisblau der Körperfarbe. Im Streiflicht von oben sind die Farbnuancen eines perfekt durchgefärbten Diskusfisches zu erkennen. Hochzuchttiere dieser Farbqualität sind das Ergebnis einer langen Zuchtauswahl, strenger Linienzucht und Inzuchterfolgen.

Gut befruchtete Diskuseier nach ca. 48 Stunden. Deutlich heben sich die Embryonen vom Untergrund des Laichkegels ab. Die geschlüpften Diskuslarven bleiben noch dicht im Schwarm zusammen.

Sobald die Larven beginnen aus den Eiern auszuschlüpfen, helfen die aufmerksamen Alttiere. Sie „kauen" die Larven richtig heraus. Zuckend hängen die kleinen Larven mit ihren vibrierenden Schwänzchen am Laichsubstrat. Klebedrüsen am Kopf verhindern, daß sie herunterfallen. Dieses Stadium endet nach weiteren 60 Stunden, dann beginnen die Kleinen freizuschwimmen. Oft betten die Alttiere die Jungen im Larvenstadium um. Vom Platz, an dem die Eier klebten, werden die Larven an einen anderen Platz umgebettet. So mancher Diskusfreund suchte am nächsten Tag vergeblich seine Jungen, dann waren sie plötzlich wieder da. Die Alten hatten sie nur umgebettet.

Während dieser Entwicklungszeit vom Ei bis zum freischwimmenden kleinen Diskus sollte auch über Nacht ein Orientierungslicht in der Nähe des Beckens brennen bleiben, damit die Elterntiere Zeit haben, die Kleinen abends einzusammeln und über Nacht zu betreuen.

Während dieser Zeit fressen die Alttiere auch weniger, jedoch sollten sie schon regelmäßig gefüttert werden. Lebendfutter ist zu vermeiden, da es die Fische verwirrt. Sie müßten dann zwischen Jungfisch und lebender Mückenlarve unterscheiden und dies ist schwierig.

Sobald die Jungen freischwimmen, ist es wichtig, daß sie die Elterntiere anschwimmen. Geschieht dies nicht, sind die Jungen verloren. Dies kann manchmal passieren, doch es ist noch nicht bekannt, weshalb es vorkommt. Auch ist es möglich, daß die Alttiere kein Hautsekret gebildet haben, dann ist die Brut ebenfalls verloren. Die Jungfische, die die Eltern anschwimmen, bleiben ständig in Hautkontakt mit diesen und fressen fast ununterbrochen vom Hautsekret. Zu diesem

Das rechts stehende Männchen übergibt dem Weibchen die Jungbrut. Dieser Idealfall eines harmonischen Paares ist der Traum eines jeden Züchters.

Zeitpunkt sind die Elterntiere auch besonders dunkel gefärbt.

Die Jungfische ernähren sich in den ersten Tagen ausschließlich vom Hautsekret der Eltern. Ohne dieses Hautsekret ist auf natürliche Weise ein Überleben nicht möglich. Einzelne Züchter versuchen mit mehr oder weniger Erfolg und viel Aufwand die künstliche Diskusaufzucht. Ob diese künstliche Aufzucht aber anzustreben ist, bleibt dahingestellt. Würde sie zur Regel, wäre es bald um den Diskus geschehen, denn dann müßte er den gleichen Weg gehen wie der Skalar. Es würde nur noch des Geldes wegen gezüchtet, und Diskusjungfische wären in Massen auf dem Markt. Die auf Qualität achtenden Züchter würden weniger züchten oder aufhören. Als Folge würde der Qualitätsstandard verflachen.

Mindestens die ersten vier bis fünf Tage brauchen die Jungfische unbedingt das Hautsekret und fressen auch kein anderes Futter. Erst nach dieser Zeit beginnt der Züchter mit dem ersten Zusatzfutter, den Artemia-Krebschen.

Bleiben anfangs die Jungen immer an den Eltern, schwimmen sie, sobald Artemia gefüttert wird, diesem Futter nach. Sie wagen sich dann in den ersten Tagen schon mal ein paar Zentimeter von den Eltern weg. Mit zunehmendem Alter wird diese Elternbindung dann schwächer.

Interessant ist es, zuzusehen, wie die Elterntiere sich beim Füttern der Brut abwechseln. Meist schwimmt ein Tier mit den Jungen, während das andere im Becken nach Fressen Ausschau hält oder das Revier sichert.

Auch im Beisein anderer großer Diskusfische kann ein Diskuspaar Junge aufziehen. Die Beckengenossen respektieren das Paar, das Junge hat, gewaltig. Mit Sicherheit gehört diesem Pärchen mit seinen Jungen dann die eine Hälfte des Aquariums.

Insgesamt ernähren sich die Kleinen etwa zwei Wochen vom Hautsekret der Eltern. Diese Frist kann auch um einige Tage ausgedehnt werden. Dann sind die Jungen aber schon so groß geworden, daß sie die Schleimhaut der Eltern verletzen können. Jetzt ist die Zeit gekommen, die Jungen extra zu setzen.

Nachdem die Jungfische die ersten Artemia-Nauplien gefressen haben, werden sie dieses Futter immer stärker annehmen. Anfangs bläst der Züchter die Nauplien mit einer Glaspipette direkt in den Jungfischschwarm am Elterntier. Später suchen sich die kleinen Diskus diese Krebschen im ganzen Becken zusammen. Spätestens nach 14 Tagen fressen die Kleinen auch gierig feines Flockenfutter, zerriebene gefriergetrocknete Mückenlarven oder Tablettenfutter.

Jetzt ist es auch gelungen, ein sehr feines, spezielles Diskusbrutfutter zu entwickeln, das alle wichtigen Naturstoffe enthält, die Jungfische zum schnellen Wachstum benötigen. Die Firma „ab aquatechnik" bringt dieses neue Futter als „ab biofood 20" auf den deutschen Markt. Hierbei handelt es sich um ein reines Naturfutter, ohne künstliche Farbstoffe, ganz auf den kleinen Diskusfisch zugeschnitten. Für die ersten Lebensmonate ein ideales Futter, das bereits Vitamine und Mineralstoffe enthält.

Gelungene Aufzucht

Diskuszucht und Diskusaufzucht sind zwei ganz verschiedene Dinge. Ist es gelungen, Diskusfische zur Nachzucht zu bringen, entsteht jetzt für den Züchter das Problem, diese Jungfische erfolgreich aufzuziehen. Aufziehen kann bedeuten, daß er diese Fische sechs bis acht Wochen pflegt, um sie dann zu verkaufen. Aufzucht kann aber auch bedeuten, daß diese Fische richtig großgezogen werden sollen. Dies bedeutet dann Pflege über neun bis zwölf Monate.

Da kleine Diskusfische meistens im Alter von durchschnittlich acht Wochen weiterverkauft werden, ist es wichtig, die Fische in dieser Zeit gesund zu erhalten. Zur Gesunderhaltung ist der regelmäßige Teilwasserwechsel wichtig. Wer es einrichten kann, einen Nitratfilter an das Aufzuchtbecken anzuschließen, beugt der Gefahr des Nitratanstieges vor. In zu hohem Nitratgehalt gehaltene Diskusjungfische wachsen schlecht.

Da diese Fische täglich mehrmals gefüttert werden müssen, ist die Stoffwechselproduktion entsprechend hoch. Das Wasser wird überdurchschnittlich mit Abbauprodukten belastet. Deshalb sollte der tägliche Teilwasserwechsel, mit Absaugen der Verunreinigungen, im Vordergrund stehen. Da Fische im allgemeinen in härterem, also an Mineralstoffen reichem Wasser besser wachsen, kann ruhig Leitungswasser zur Aufzucht verwendet werden. Bis zu 20 deutsche Härtegrade sind hier akzeptabel. Dieses härtere Wasser ist auch viel stabiler was den pH-Wert angeht. Die Gefahr, daß der pH-Wert plötzlich abfällt oder stark ansteigt ist hier nicht so gegeben.

Die gute Wasserqualität muß immer wieder im Vordergrund stehen. Dann wachsen diese Jungfische bei guter und ausreichender Fütterung sehr rasch. Nach sechs Wochen erreichen die ersten bereits die Größe eines Fünfmarkstückes.

Immer wieder kommt es zu Kiemendeckelschäden bei jungen Diskusfischen. Die Ursache ist noch nicht definitiv geklärt. Hierfür gibt es zwei Theorien. Erstens kann es im Jungfischstadium in zu kleinen Aquarien, bei schlechter Wasserqualität, zu einer Sauerstoffunterversorgung kommen. Die Fische müssen dann verstärkt atmen. Wild pustend stehen sie dann im Becken. Dadurch kann es zu Mißbildungen der Kiemendeckel kommen. Ebenso ist es bei schlechter Wasserqualität leicht möglich, daß eine Kiemenentzündung dazukommt.

Die zweite Theorie ist eine Unterversorgung der Jungfische mit Mineralstoffen und Vitaminen. Da die Fische in den ersten drei Lebenswochen neben dem Hautsekret meist nur Artemia fressen, kann dies schon möglich sein. Deshalb sollten den Artemiakulturen Vitaminkonzentrate beigefügt werden. In jede neu angesetzte Kulturflasche sollte nach 20 Stunden, wenn die Artemia mit dem Schlüpfen beginnen, ein Tropfen Multivitaminlösung gegeben werden. Auch der Zusatz einer kleinen Messerspitze eines Mineralstoffpräparates wäre angebracht. Diese und andere spezielle Füttermethoden sind genau in dem Buch „Erfolg mit Diskusfischen" beschrieben.

Fast flächiger Brillanttürkis mit beginnender Laichfärbung. Der Saum der Rückenflosse ist bereits sehr dunkel. Ein schöner Kontrast zu dem kräftigen Blau des Fisches ist das leuchtend rote Auge.

Professionelle Fütterung

Die majestätischen großen Diskusfische fressen auch wie Könige. Langsam gleiten sie auf das dargebotene Futter zu, um es genüßlich aufzusaugen. Sie lassen sich viel Zeit und fressen sehr langsam. Ganz im Gegensatz zum Skalar, der sich schnell auf jede Art von Futter stürzt, ist der Diskus viel wählerischer.

Ist er das Futter gewöhnt, frißt er so ziemlich alles, was Zierfischen im Aquarium geboten wird.

In der Natur müssen sich Diskusfische hauptsächlich von Eintagesfliegen und deren Larven oder kleinen Süßwassergarnelen – Macrobrachium – ernähren.

Inwieweit Diskusfische auch größere Mengen von Algen verspeisen, ist noch nicht ausreichend erforscht.

Diskusfische können mit einiger Ausdauer an ganz bestimmtes Futter gewöhnt werden. So ist problemlos jeder Diskus auch an Flokkenfutter heranzubringen. Natürlich frißt ein Wildfang am ersten Tag im Becken des neuen Besitzers kein Flockenfutter. Aber mit anderen Diskusfischen vergesellschaftet, die Flockenfutter fressen, wird der Wildfang schon nach wenigen Tagen ebenfalls Flokkenfutter fressen. Überhaupt ist es leichter, neue Fische schneller ans Fressen zu bringen, wenn sie mit eingewöhnten Fischen zusammen gehalten werden. Der Futterneid ist groß und sorgt schnell dafür, daß alle Fische fressen. Diskusfische, die sich während der Fütterung vom Schwarm abkapseln, sind bestimmt krank.

Welches Futter ist für große Diskusfische geeignet? Da gibt es einmal neben dem bereits erwähnten Flockenfutter Futtertabletten. Diese sind wirklich sehr empfehlenswert, da sie sich gut dosieren lassen und auch gerne gefressen werden. Besonders wenn die Tabletten an die Scheibe gepreßt werden, werden sie von Diskusfischen gerne genommen. Immer wieder schwimmen die Fische zur Scheibe und nippeln an den Tabletten. Diese Futtertabletten können qualitativ noch aufgewertet werden, indem man flüssige Multivitaminpräparate auftropft, dieses Vitaminpräparat dann einige Stunden in die Tablette einziehen läßt und die Tabletten dann erst an die Fische verfüttert. In dem Band „Das neue Diskusbuch" wurde ja auch eine wirksame Methode beschrieben, um kranke Diskusfische mit Medikamenten zu versorgen. Einige Futtertabletten werden zerrieben und mit dem Medikament und etwas Wasser vermischt. Dieser Brei wird dann auf weitere, ganze Futtertabletten aufgestrichen, über Nacht trocknen lassen und am nächsten Tag den Fischen angeboten. Fische, die gerne Futtertabletten fressen, nehmen jetzt die Medikamente direkt auf. So kommt es zu einer optimalen Wirkung des Medikamentes.

Ein Hauptfutter für Diskusfische sind gefrorene rote Mückenlarven. Dieses Futter ist leicht erreichbar und einfach zu verfüttern. Meist fressen Diskusfische diese Mückenlarven auch sehr gierig. Mit Mückenlarven, auch gefrorenen, kann man sich leider Scheibenwürmer und Cyclops-Krebschen ins Aquarium einschleppen. Täglich einmal gefrorene Mückenlarven zu verfüttern, ist aber problemlos und kann empfohlen werden.

Nicht zu empfehlen ist jedoch die Verfütterung von Tubifex. Diese sind bereits so verseucht und mit Schmutz und Schwermetallen belastet, daß von einer Verfütterung Abstand zu nehmen ist. Gefriergetrocknete Mückenlarven werden von großen Diskusfischen meist nicht mehr gerne gefressen, da diese

Diskusfische sind ruhige Fresser, die gerne ihre Nahrung vom Boden aufnehmen. Den ganzen Tag suchen sie das Becken nach Futter ab.

an der Oberfläche schwimmen und auch sehr klein sind. Andere Mückenlarven, wie weiße oder schwarze, werden auch als Tiefgefrierware angeboten. Leider fressen Diskusfische aber am liebsten die roten Larven. Gelingt es, den Diskus an schwarze oder weiße, gefrorene Mückenlarven zu gewöhnen, so ist dies ein Vorteil, da diese beiden Sorten viel wertvoller sind.

Ein weiteres Hauptfutter für Diskusfische ist Rinderherz. Ein sehnen- und fettfreies Rinderherz wird in entsprechende Stücke geschnitten und eingefroren. Bei Bedarf kann dieses harte Stück Rinderherz mit einer Gemüse- oder Nußreibe, auch Maschinen sind im Handel, gerieben werden. Wird das Herz in tiefgefrorenem Zustand gerieben, gibt das schöne kleine wurmartige Streifen, die die Fische gerne nehmen. Zur Verbesserung der Inhaltsstoffe kann das Herz vor dem Einfrieren mit Vitaminen oder Mineralpräparaten geimpft werden. Hierzu benötigt man eine Spritze mit Nadel, die in jeder Apotheke zu bekommen ist. In die Spritze wird ein Multivitamin- und Mineralstoffpräparat gefüllt. Jetzt werden kleine Dosen direkt in das Herzfleisch eingespritzt. Danach kann das Fleisch eingefroren werden. Das so injizierte Präparat wird mit eingefroren und beim Auftauen direkt im Fleisch vermischt. So erhalten Diskusfische ein wertvolleres Herzfleisch, ein ganz wichtiges Futtermittel.

Eine andere Möglichkeit wäre, das Herz zu entfetten, in Stücke zu schneiden und in einem Mixer, je nach Fischgröße, zu zerkleinern. Diesem Herzmus wird dann ebenfalls ein Multivitamin-Mineralstoffpräparat, z. B. Osspulvit, zugefügt. Auch die Zugabe von gehacktem, gebrühtem Spinat, rohem Eigelb und Paprikapulver ist ideal. Diesen Brei füllt man in Plastikbeutel, verteilt die Masse zu einer dünnen Platte und friert alles ein. Bequem lassen sich Würfel von dieser dünnen Platte abbrechen.

In diesen Rinderherzbrei können auch gefriergetrocknete Mückenlarven gemischt werden. Diese Mückenlarven saugen dann Feuchtigkeit an, gehen mit dem Rinderherz im Becken unter und werden dann auch gut gefressen.

Ein anderes gutes Diskusfutter sind Enchyträen. Diese weißen Würmchen kann sich der Hobbyaquarianer zu Hause selber nachziehen. Enchyträen werden gierig gefressen und sind ein gutes Futter für den Laichansatz der Weibchen. Da Enchyträen aber auch sehr fett sind, sollten nicht allzu große Mengen gefüttert werden. Gerade auch für Jungfische sind diese Würmchen unbezahlbar. Werden nämlich Enchyträen mit sehr eiweißreichen Stoffen gefüttert, werden den Fischen wichtige – essentielle – Eiweißarten mitgegeben. Auch ist es gut möglich, auf die Enchyträenkulturen Vitaminpulver aufzustreuen und so die Würmer mit Vitaminen anzureichern.

Wasserflöhe dagegen sind ein Futter, das nur von kleineren Diskusfischen gerne gefressen wird. Große, ausgewachsene Diskusfische kümmern sich nicht mehr um dieses Futter.

Ständig kommen auch neue Futtermittel auf den Markt. Der Aquarianer sollte diese neuen Futtermittel testen, sich aber dafür etwas Zeit lassen. Neu ist auch ein wurmähnliches Trockenfuttermittel von „ab aquatechnik". Dieses Futter wird gerne genommen, da dieses Futter das Aussehen von frischen roten Mückenlarven hat. Allerdings ist es sehr hart und muß erst einige Minuten im Wasser quellen, bevor es die Fische fressen. Hier muß der Diskusfreund seine Fische lang-

Rote Mückenlarven, die tiefgefroren im Handel sind, sind eine der beliebtesten Futtersorten für Diskusfische. Gesunde Diskusfische, wie diese Türkisdiskus mit kräftig roten Streifen, müssen dieses Futter gierig aufnehmen.

Hautsekret der Eltern ist die wichtigste Futterquelle der Jungen für die ersten zwei Wochen. Bereits nach fünf Tagen kann Zusatzfutter gegeben werden.

Dieser schöne grüne Wildfangnachzucht-Mann führt nur vier Junge, die gerade eine Woche freischwimmen. Da dies die erste gelungene Nachzucht war, ließ ich ihn diese wenigen Jungen großziehen.

sam an dieses neue Futter heranbringen, indem er täglich erst einmal kleine Mengen füttert, dann langsam die Menge steigert. Überhaupt ist es bei der Futterumgewöhnung von Diskusfischen so, daß es nur an der Geduld des Aquarianers liegt, ob der Fisch an ein neues Futter gewöhnt wird oder nicht. Hochwertiges Trockenfutter hat einfach Vorteile, die nicht von der Hand zu weisen sind. Drei bis vier Futtergaben für große Diskusfische täglich wären ideal. Wenig, aber oft füttern, ist die Devise. Trockenfutter morgens oder mittags, abends dann noch eine Portion Lebendfutter bzw. Gefrierfutter. Vor dem Füttern am Morgen sollten die Fische aber mindestens 15 Minuten Zeit haben, um richtig aktiv zu werden, bevor die erste Futtergabe kommt. Unmittelbar nach dem Einschalten des Lichtes frißt der Diskus noch nichts. Die Fische haben dann auch noch nicht die schöne Farbe und auch die Augenfarbe ist noch nicht kräftig sichtbar. Ein Zeichen, daß die Fische noch nicht aktiv sind.

Junge Fische fressen im Prinzip das Gleiche wie ausgewachsene Diskusfische. Jedoch sollten die Kleinen mehrmals täglich gefüttert werden. Je öfter, desto besser. Aber immer nur solche Mengen, die schnell verspeist werden. Zu Hause gebliebene Familienmitglieder können ja mit Trockenfutter und Tabletten füttern, während der Diskuszüchter dann morgens oder abends mit aufwendigeren Fütterungsmethoden etwas Gutes für die kleinen Fische tut. Leider kann man kleine Diskusfische nicht mehrere Tage ohne Futter zu Hause lassen.

Die Schädigung wäre zu groß. Hier muß man sich eben jemanden suchen, der bereit ist, wenigstens zweimal täglich zu füttern. Dies gilt etwa bis zur 12. Lebenswoche. Danach würde für einige Zeit auch ein einmaliges Füttern ausreichen. Ausgewachsene Diskusfische vertragen schon mal eine Hungerperiode von einer Woche. Doch wenn es sich vermeiden läßt, wäre dies besser.

Auf jeden Fall sollten die Fische vor dem Urlaub oder Wochenendtrip einige Tage vorher besser gefüttert werden.

Dieser Türkisdiskus, der hier im Streiflicht den hohen Rotanteil in den Querstreifen gut erkennen läßt, könnte ohne Übertreibung auch als Rottürkis-Diskus bezeichnet werden. Hat das Hälterungswasser einen höheren Eisengehalt, wird sich diese Rotfärbung noch verstärken.

Das Großbild auf der vorangegangenen Doppelseite zeigt den gleichen Fisch, wie auf den drei Abbildungen dieser Seiten. Interessant ist die verschiedene Färbung. Links oben zeigt sich der Diskus in bestem Licht, während er unten die senkrechte Schreckfärbung aufweist. Die dunklen Senkrechtstreifen führen auch Diskusfische, die einem anderen Diskus ihre Unterlegenheit bei Revierkämpfen zeigen wollen.

Diskuskrankheiten schnell im Griff

Diskusfische sind nicht krankheitsanfälliger als vergleichbare Fische. Um die Krankheiten der Diskusfische wurde einfach zu sehr der Schleier des Geheimnisses gewoben. Wie bei allen Zierfischen, muß auch beim Diskusfisch das Übel an der Wurzel angegriffen werden. Das oberste Gebot zur Krankheitsverhinderung muß eine hervorragende Wasserqualität sein. Wir halten diese Fische in Aquarien mit einigen hundert Litern Wasser, während in der Natur in einer Minute mehrere tausend Liter an unseren Diskusfischen vorbeifließen.

Logischerweise ist die Gefahr einer Wasserverschlechterung in den kleinen Aquarien viel gewaltiger, als in der Natur. Somit besteht auch viel öfter die Gefahr, eine Krankheit ausbrechen zu lassen nur durch die mindere Qualität des Wassers. Verhindert werden kann dies wieder durch den schon oft empfohlenen, regelmäßigen Teilwasserwechsel, große Filterkammern, geeignetes Filtersubstrat und Nitratfilterung.

Krankheitserzeugende Faktoren bei Zierfischen sind Ammonium- oder Nitritvergiftungen, schnelle pH-Wert-Änderungen, Temperaturstürze, Sauerstoffmangel und Vergiftungen durch Fremdstoffe. Dazu kommen ungeeigneter Transport der Fische, Umsetzen in neues Wassermilieu, Übervölkerung der Bekken und das Einschleppen von Krankheiten durch neue Fische.

Auch die Fütterung der Fische spielt eine große Rolle, was die Anfälligkeit für Krankheiten angeht. Je schlechter ein Diskus frißt, desto anfälliger wird er auch. Bei einseitiger Futtergabe, die oft auch eine Bequemlicheit des Aquarianers ist, werden die Fische nicht ausreichend mit entsprechenden Nährstoffen versorgt. Deshalb muß abwechslungsreich gefüttert werden.

Auch eine Überfütterung von Fischen ist möglich. Da Zierfische in Gefangenschaft nie den Schwimmraum haben wie frei schwimmende Fische, müssen sie auch einen geringeren Gesamtstoffwechselumsatz haben. Dem muß auch Rechnung getragen werden. Fische können sich auch überfressen und es kommt so zu schweren Stoffwechselstörungen, Fettleber usw.

Neu erworbene Fische sollten in jedem Falle einer Quarantäne unterzogen werden. Gerade beim Diskus ist dies anzuraten, denn es handelt sich ja um teure Fische. Diese Neuankömmlinge können mit einer Präventivbehandlung vorbereitet werden. Auf 50 l Quarantänewasser werden ½ Tablette Cotrim forte oder Bactrim forte und ½ Tablette Clont oder 125 mg Metronidazol aufgelöst. In diesem Qurantänebad bleiben die Fische mindestens fünf Tage. Das Quarantänebecken wird mit Watte gefiltert und mit einem Durchlüfterstein betrieben. Die Temperatur sollte 30° C betragen. Haben die Fische eine gute Kondition, kann die Temperatur für diese fünf Tage auf 32 bis 33° C angehoben werden. Auf gute Sauerstoffversorgung ist dann zu achten.

Nach dieser Quarantänezeit können die neuen Fische ohne weiteres in das Gesellschaftsbecken umgesetzt werden.

Für Diskusfische werden heute auch viele Medikamente aus der Humanmedizin verwendet. Diese Medikamente bekommen Sie nur in der Apotheke, beziehungsweise über einen Tierarzt. Diese Medikamente sind sehr wirkungsvoll. Viele Medikamente aus der Human- und Tiermedizin, die alle verschreibungspflichtig sind, werden in dem Buch „Erfolg mit Diskusfischen" ausführlich beschrieben. Auch Grenzmethoden der Krankheitsbehandlung sind dort aufgezeigt.

Gerade die Behandlung von Krankheiten, auch mit ausgefalleneren Behandlungsmethoden, hat in diesem Buch großen Raum gefunden, so daß es eine Pflichtlektüre für den Diskusfreund ist.

Neben allgemeinen Fischkrankheiten, wie Costiainfektion oder Ichthyophthirius mulifiliis, für die es gute Medikamente im Zoohandel gibt, hat der Diskus aber auch spezielle Krankheiten. Immer wieder plagen den Diskus Flagellaten, Darmwümrer, Kiemenwürmer und andere Parasiten. Eine weit verbreitete Krankheit ist der Wurmbefall, der sich in weißem, zähem Kot niederschlägt. Auch das öftere Scheuern an Einrichtungsgegenständen bereitet dem Pfleger Kopfzerbrechen.

Alle diese Krankheitssymptome und ihre Behandlungsmethoden sind in der untenstehenden Tabelle berücksichtigt.

In Apotheken erhältliche Medikamente sind mit einem (A) gekennzeichnet.

Hilfe bei Krankheiten

Symptom	Ursache	Behandlung
Hervorquellende Augen Glotzaugen	Bakterielle Infektion, meist auch Wasserverschlechterung	Sofort Teilwasserwechsel. 1 Tablette Cotrim forte (A) auf 100 l Wasser, nach 4 Tagen Teilwasserwechsel (50 %). Tritt am zweiten Tag keine Besserung auf, mit halber Dosis nachdosieren.
Hauttrübungen milchig-weiße Trübung, weiße Flecken	Costia oder Ichthyobodo necatrix	1 T Cotrim forte (A) auf 100 l oder 2 g Terramycin (A) für jeweils 3 Tage, dann 50 % Wasserwechsel, 2 Tage später wieder 50 % Wasserwechsel.
Würgen, schwere Atmung, nervöses Herumschießen im Becken	Kiemenwürmer	Kurzbad in Masoten (A) unter Sichtkontrolle. 10 mg auf 10 l Wasser, Dauer möglichst 10–30 Minuten, oder Dauerbad in Masoten, 50 mg vier Tage lang, nach viertem Tag Wasserwechsel und Kohlefilterung. Nach einer Woche Prozedur wiederholen.
Verweigerung der Futteraufnahme, gallertartige Kotfaden	Fadenwürmer Darmerkrankung	Dauerbad in Masoten, 35 mg auf 100 l. Täglich ¼ des Wassers erneuern und eine Vierteldosis Masoten nachfüllen. Nach 4 Tagen Teilwasserwechsel, Kohlefilterung.
Schmutzig weißer, langer Kotfaden	Metacercarien, Nematoden, Bandwürmer, Fischegel	100 mg Droncit (A) oder 500 mg Niclosamid (A) in 100 ml Wasser lösen, lebende Mückenlarven in diese Lösung legen. Bevor diese absterben, verfüttern. Gleiche Dosis auf 25 g Flockenfutter mit etwas Öl vermischen, 5 Tage lang verfüttern. Auch Verabreichung über Futtertablette mit Aufstrich. Dosierung für 15 Futtertabletten für 5 Tage. Oder Verabreichung über Spritze, Dosis auf fünf Spritzen zu je 5 ml täglich verteilen, reicht für 2 große Diskus.
Freßunlust, sehr dunkle Farbe, unnormales Verhalten, gallertartiger Kot, Lochkrankheit – weiße Masse tritt oberhalb der Augen aus. Kraterartige Löcher in der Kopfregion.	Geißeltierchen = Hexamita, Protopalina Octomitus Spironucleus	Dauerbad mit Clont (A), 1 T mit 250 mg Metronidazol auf 50 l Wasser oder Metronidazol als Reinsubstanz aus der Apotheke. Nach vier Tagen 50 % Wasser wechseln und gleiche Behandlung wiederholen. Möglichkeit der Gabe über Futtertabletten oder Spritze anwenden.
Hautkrankheiten Scheuern an Einrichtungsgegenständen	Bakterielle Hauterkrankungen	Kurzzeitbad von 10 bis 30 Minuten mit 150 mg Leukomycin (A) oder 1 g Acriflavine als Trypaflavin (A) im Handel pro 100 l für 2–3 Tage, dann Teilwasserwechsel und Kohlefilterung.

Dieser Türkisdiskus mußte mit einer Nährlösung, vermischt mit Metronidazol, behandelt werden.

Kraterartige Löcher in der Kopfregion, wie hier über dem Auge, deuten auf Lochkrankheit hin. Eine gezielte Krankheitsbehandlung ist erforderlich.

Eine weitere, manchmal sehr wirksame Heilmethode ist es, das Aquarienwasser stark zu erwärmen. Besonders bei weißem Kot, dunklen, freßunlustigen Fischen kann dies Erfolge bringen. Das Aquarienwasser ist unter exakter Kontrolle und guter Sauerstoffversorgung auf 35 bis 36° C aufzuheizen. Dies muß langsam geschehen. Nach einer Woche wieder langsam auf Normaltemperatur abkühlen.

Bei Lochkrankheit kann diese Zeit auf zwei Wochen ausgedehnt werden. Daß die Fische mit dieser Wärmebehandlung stark belastet werden, dürfte klar sein. Jedoch ist der Erfolg oft verblüffend.

Schwache, sehr abgemagerte Tiere können aber durch diese Wärmebehandlung auch eingehen. Für sehr kranke Tiere, die meist nicht mehr fressen, abgemagert sind und weißen Kot haben, sollte unbedingt der Versuch gemacht werden, Metronidazol wie beschrieben ins Maul zu spritzen. Ausdauer ist dabei erforderlich!

Zur Stärkung können die Fische auch in ein Spezial-Aminosäuren-Mineralbad gesetzt werden. Dieses neue Bad der Firma „ab aquatechnik" täglich angewendet, versorgt diese wertvollen Fische wieder mit wichtigen Nährsalzen. In diesem leicht desinfizierenden Bad sollten auch alle Neuankömmlinge vorsorglich gebadet werden.

Da die Behandlung von kranken Diskusfischen mit der Futtertablette, vermischt mit Medikamenten, und die Medikamentengabe über die Spritze direkt ins Maul so wichtig ist und vielen Diskusfischen das Leben retten kann, sei hier nochmals die genaue Handlungsweise geschildert.

Diskusbehandlung nach Degen

Gerade unter Diskusliebhabern spielen Medikamente aus der Humanmedizin eine Rolle. Mit diesen Medikamenten können Diskusfische schnell von schweren, lebensbedrohenden Krankheiten geheilt werden. Öfters erkranken unsere Diskusfische an Geißeltierchen- oder Bandwurmbefall. Hier stehen uns die Medikamente Clont und Simplotan zur Verfügung, die in der Humanmedizin zur Bekämpfung von Trichomonaden eingesetzt werden. Diese Medikamente werden nur in der Apotheke gehandelt. Bisher war es so, daß eine Dosierung von 4 mg pro Liter bei Clont bzw. die 1-g-Simplotantablette pro 100 Liter Wasser empfohlen wurde. Da die Aufnahme über Wasser sehr schlecht ist, habe ich folgende Methoden entwickelt:

Zum ersten nehmen Sie eine Tablette Simplotan oder 2 Tabletten Clont, bzw. 500 mg Metronidazol, zerreiben diese fein und vermischen Sie mit 6 zerbröselten Futtertabletten. Geben Sie jetzt vorsichtig einige Tropfen Wasser oder biofood Flüssignahrung dazu, damit es einen streichbaren Brei ergibt. Diesen Brei streichen Sie auf 10 Futtertabletten auf und lassen diese über Nacht trocknen. Jetzt füttern Sie diese wie gewohnt. Ich habe dieses Futter regelmäßig zur Vorbeugung gegeben, etwa einmal monatlich an zwei Tagen hintereinander. Nehmen die Tiere nämlich erst mal kein Futter mehr, sind sie ja nicht mehr zu retten. Deshalb entwickelte ich noch eine zweite, sehr wirksame Methode.

500 mg Metronidazol werden in 10 ml Wasser oder biofood aufgelöst. Dazu nehme ich eine Pipettenflasche eines leeren Schnupfenmittels oder ähnliches. Jetzt nehme ich eine Plastikspritze ohne Nadel und sauge das aufgelöste Medikament an. Der Fisch wird herausgefangen, auf ein feuchtes Handtuch gelegt, abgedeckt, vorsichtig festgehalten und mit der Spritze, die ja stumpf ist, regelrecht gefüttert. Pro Fütterung, einmal täglich, werden dem Fisch 2 ml gegeben. Lassen Sie sich Zeit, denn der Fisch schluckt sehr schlecht. Warten Sie nach dem Einspritzen noch 30 Sekunden bevor Sie den Fisch wieder ins Wasser setzen, denn dann schluckt er nochmals. Einen Teil des Medikaments spuckt er beim Zurücksetzen wieder aus. An fünf Tagen hintereinander verfahren Sie so. Dem Fisch wird nichts geschehen. Durch das Medikament tritt keine Schädigung ein. Normalerweise reicht diese Behandlung aus, und der Fisch wird wieder fressen. Doch Sie können ohne weiteres, mit einer Woche Pause, wieder diese Behandlung vornehmen. So habe ich schon vielen Diskusfischen, die nichts mehr fraßen, das Leben gerettet. Kein einziges Tier ist durch diese Behandlung eingegangen.

Blauer Diskuswildfang – Symphysodon aequifasciatus haraldi. Dieser Fisch hat für einen Blauen Diskus bereits eine sehr ausgeprägte blaue Längsstreifung in der Rücken- und Bauchregion.

Royal-Blue-Wildfang, der ganz durchgestreift ist. Bei schwächerer Beleuchtung erscheint das Blau der Körperzeichnung kräftiger. Der hohe Rotanteil in Flossensäumen und Ständern macht diesen Wildfang besonders interessant.

Wohin führt der Weg?

Wohin führt der Weg des Diskusfisches? Eine Frage, die nicht leicht zu beantworten ist. Wird er zur Massenware degradiert werden, wenn erst einmal die Asiaten farblich hochwertige Fische auf den europäischen Markt werfen. Werden Diskusfische dann nur noch wegen des schnellen Geldes gezüchtet? Es bleibt abzuwarten.

Wir deutschen Züchter müssen unserer Linie treu bleiben und nur qualitativ hochwertige Diskusfische nachzüchten. Zuchtauslese, Erhaltung der artspezifischen Merkmale, das müssen die Ziele der Züchter sein. Gute Form, makellose Farbe, runde, bullige Tiere. Daran muß man deutsche Diskusnachzuchten erkennen.

Auch der Weg zurück zu reinerbigen Wildfangstämmen ist anzustreben. Laßt uns wieder reinrassige, gute braune, grüne und blaue Wildfangdiskus nachzüchten. Sie haben es verdient, daß man sich wieder ihrer annimmt. Wildfangnachzuchten guter Qualität könnten wieder ihren Markt haben. Wildfangnachzuchten und parallel dazu Türkis- und Royal-Blue-Diskusfische, das wäre eine Kombination, die erstrebenswert wäre. Hoffentlich sind bald wieder die ersten Kleinanzeigen in deutschen Aquarienzeitschriften zu sehen: „Diskuswildfangnachzuchten zu verkaufen!"